FATIMA

DU MÊME AUTEUR
À LA LIBRAIRIE FLAMMARION

Les Prisonniers

Une sacrée guerre
(en collaboration avec Pierre Clostermann)

À LA LIBRAIRIE LAROUSSE

Histoire de l'aviation
(ouvrage couronné par l'Académie française)

Histoire de la marine

Histoire des trains

Histoire des jeux Olympiques

CHEZ PLON

Ma vie pleine de trous
(en collaboration avec Alphonse Boudard)

DANIEL COSTELLE

FATIMA

Un miracle
et trois secrets

ÉDITIONS FRANÇOIS BOURIN
27, rue Saint-André-des-Arts
75006 Paris

1.

Christian

Quand il est entré dans mon bureau, j'ai eu un choc. Il ne correspondait pas à l'idée que je pouvais me faire d'un ecclésiastique, avec son nœud papillon sur une chemise rose et une veste verte. J'ai su plus tard que c'était pour faire artiste, c'était son personnage. L'air un peu égaré, aussi, il n'y a pas d'autre mot. J'ai compris après que c'était le poids des péchés du monde. Par les temps qui courent, c'est lourd. Il s'est assis, et m'a demandé si j'étais bien Daniel Costelle, ce qui est une façon comme une autre d'entrer en matière. J'ai dit oui, il a hoché la tête d'un air fébrile et ajouté d'une voix à peine audible :

— J'aime beaucoup ce que vous faites.

— Merci, mon père. Qu'est-ce que je peux faire pour vous ?

Après ce dialogue dénué d'originalité mais qui allait changer ma vie, il m'a souri, d'un sourire merveilleux de bonté, d'attention, de dévouement sans bornes. Un sourire angélique. Sa vraie nature.

— Je suis le père Christian Pagano, de la congrégation de Saint-Paul. Vous savez ce que c'est ?

Pas du tout. Je l'avouai sans honte. C'est une confrérie moins célèbre que celle des jésuites ou des franciscains, et qui ne produit pas de douce liqueur aux herbes bénéfiques.

— Ce que nous faisons est très important, d'ailleurs vous devriez au moins connaître notre librairie à Paris, rue du Four.

— C'est bien situé.

Mais il ne plaisantait pas.

— Nous sommes, m'a dit avec une conviction passionnée ce personnage inattendu, destinés à propager la foi dans les médias.

Sa voix a monté.

— Dans le monde entier nous aidons à produire toutes sortes d'opérations, livres, films, brochures, etc.

Il s'est penché vers moi.

— Voulez-vous réaliser un film sur Fatima ?

N'ayant jamais refusé d'emblée ce genre de proposition, je me suis retrouvé dans ma voiture, avec le père Christian à mes côtés, en direction de Poissy, Yvelines. C'est drôle, ai-je pensé à un feu rouge, il ne m'a même pas demandé si j'étais catholique.

— Voilà, vous prenez à droite.

Nous longions un haut mur avec des arbres qui dépassaient. Une grande porte de bois s'est ouverte automatiquement. Derrière, un parc. Nous sommes entrés. Il a encore fallu rouler longtemps. Cela m'a permis de repenser à Fatima.

C'était d'abord un très ancien souvenir. Ma mère recevait, au début des années cinquante, un magazine de cinéma qui s'appelait *l'Écran français*, un hebdo communiste disparu depuis. Et je me rappelais la critique d'un film américain sur Fatima, qualifié d'épouvantable navet, où toute cette histoire de Fatima était présentée comme une vilaine action anticommuniste (c'était honteux à l'époque). Je savais aussi qu'il y avait un pèlerinage. C'était à peu près tout.

— Prenez cette allée-là, au centre. Est-ce que vous savez ce que c'est, Fatima ?

Comme s'il avait lu dans mes pensées. J'ai fait non de la tête.

— Alors, avant que nous ne rencontrions maintenant le recteur du sanctuaire de Fatima, Mgr Guerra, permettez-moi de vous donner quelques repères.

J'ai arrêté la voiture devant une grande construction, genre villa cossue. Nous avons fait quelques pas sous les arbres. Il faisait beau, le printemps arrivait.

— Fatima est une petite ville du Portugal à cent cinquante kilomètres au nord de Lisbonne, dans la montagne.

À ce moment précis, j'étais déjà intéressé par la possibilité de faire un long métrage, mais je ne savais pas ce qui m'attendait. Ce que ça voulait dire là-bas, montagne.

Portugal signifiait pour moi chaleur, vacances, douceur. La montagne au Portugal, ça devait être merveilleux.

Pendant les six mois qui suivirent j'allais comprendre mon erreur.

— Il y a plusieurs explications pour ce nom de Fatima. La plus simple, c'est que toute la péninsule Ibérique a été, comme vous le savez, occupée par les Arabes pendant des siècles et que beaucoup d'endroits portent le nom de la fille du Prophète. La plus belle, c'est l'histoire qu'on raconte là-bas de ce petit groupe de chevaliers chrétiens spécialisés dans les coups de main et les embuscades contre les Maures. Un jour, dans une vallée encaissée de ces montagnes, ils capturent tout un harem. L'une des femmes est si belle que le chef des chevaliers en tombe éperdument amoureux. Elle s'appelle Fatima, il l'épouse et donne son nom à son village.

On nous attendait. Nous entrâmes dans la villa. Le père Pagano m'expliqua que c'était un lieu de retraite.

Un jeune prêtre, paraissant sortir de l'ENA, vint nous accueillir.

— Mgr le recteur va vous recevoir dans quelques instants.

— Ce doit être un personnage considérable ?

— Il l'est. Fatima a une importance mondiale que vous ne mesurez probablement pas. Donc au début de ce siècle Fatima est une petite ville avec une grande église, comme à peu près partout au Portugal. Pays très catholique, mais à ce moment-là ce n'est plus aussi simple ni triomphant qu'auparavant. Une révolution a eu lieu, le dernier roi est mort et, comme en France à l'époque, c'est le temps de la séparation de l'Église et de l'État. Le clergé est sinon persécuté, du moins sérieusement tenu en laisse, le discours du pouvoir est très anticlérical. Tous des francs-maçons, disent les curés...

À ce genre de remarque, je comprenais aussi que le père Christian tenait à bien se démarquer. À signifier son appartenance à la tendance progressiste de l'Église.

Mgr Guerra apparut. C'était un grand et bel homme, habillé en clergyman très strict, droit, imposant, portant un manteau de loden vert jeté en cape sur ses épaules d'une manière que je trouvai un peu théâtrale, avec cette simplicité voulue que j'ai souvent rencontrée chez les hommes politiques et les puissants de ce monde. Ce qui frappait d'emblée c'était l'intelligence, à l'évidence extrêmement brillante, de ce prélat portugais qui parlait le français sans accent, avec une prononciation pure et déliée. Le père Christian et lui s'embrassèrent, d'une longue accolade très affectueuse.

— Salut, Luciano, tu es gentil de nous recevoir...

— Mais non, je peux, je suis en vacances, et tu sais quel intérêt je porte à ce projet.

Pendant la demi-heure qui suivit, je racontai ma vie.

Monseigneur se leva, et me tendit une main sans bague.

— Je vous reverrai à Fatima.

Sur le chemin du retour, le père Christian avait l'air encore plus triste. Mais j'avais tort de m'inquiéter. Il finit par articuler avec peine :

— Vous avez fait bon effet. Tout va bien.

Puis, au bout d'un moment de réflexion apparemment douloureuse :

— Maintenant, il faut que vous rencontriez le producteur du film. Pour cela, nous devons nous rendre à Lourdes.

— À Lourdes ?

— Pour y voir les gens qui ont participé à l'opération *Bernadette*.

J'avais entendu parler, et pas en bien, de ce film pour lequel on avait exhumé Jean Delannoy.

— Bon, je continue l'histoire de Fatima, poursuivit le père Christian. Pendant la guerre de 14-18, le Portugal va se ranger du côté des Alliés, avec un contingent sur le front du Nord, tenu par les Anglais. Ces malheureux Portugais vont être à peu près tous tués à la bataille de la Lys en 1918. Notre affaire se situe entre 1915 et 1917. Trois petits bergers du village d'Aljustrel, près de Fatima, vont d'abord recevoir en 1916 la visite d'un ange, puis de mai à octobre 1917 ils vont à six reprises voir la Vierge, qui va leur faire des révélations tout à fait extraordinaires, en particulier sur la Russie. C'est très d'actualité.

— On a l'impression que la Vierge, chaque fois qu'elle apparaît, choisit des bergers.

— Eh oui. Des humbles entre les humbles.

Le père Christian resta silencieux un moment.

— N'allons pas trop vite. Tout cela, vous le comprendrez mieux plus tard, quand vous aurez en vous tout ce qui s'est passé.

Quand j'aurais en moi. Je refuse ce genre de langage et en même temps il me touche. Mais c'est vrai qu'il me faudrait entrer dans cette histoire, avec toutes ses surprises, et toutes ses émotions.

2.

Geneviève

C'était une grande maison dans la verdure, sur les premières pentes des Pyrénées, à quelques kilomètres de Lourdes. Il faisait beau et chaud, nous avancions, le père Christian et moi, au milieu d'une pelouse encombrée de jouets, de balançoires, de vélos d'enfant. La porte s'ouvrit, l'enfant était là.

Une merveille.

Je pris le bras du père Christian.

— C'est Jacinta.

Il me jeta un regard méfiant.

— Encore une de vos idées...

J'abandonnai. Il était bien évident que cette petite fille d'ici, qui n'avait rien à voir avec le Portugal et ne parlait pas un mot de portugais, ne pouvait pas m'intéresser pour le film. Quel dommage. Elle *était* Jacinta, avec une telle vérité. Un visage rongé par l'intelligence, par on ne sait quelle passion, tout en grands yeux fiévreux. C'était exactement comme cela que je m'imaginais, maintenant que je connaissais mieux l'histoire des trois enfants, le personnage de la plus petite des trois, Jacinta Marto, sept ans. Son rôle, je le pressentais, avait dû être essentiel. C'était elle qui me touchait le plus, et cela aussi, je le sentais, ne plaisait pas entièrement au père.

— Vous vous intéressez trop à ce personnage. N'oubliez pas que c'est autour de Lucia que tout s'ordonne. C'est à elle que s'adresse la Vierge. Fatima est née de son témoignage, de ses mémoires : elle doit être au centre du film.

Toute cette conversation avait lieu devant l'enfant, qui nous regardait avec un air de curiosité presque maladive. Je me sentais comme disséqué par cette pensée en mouvement, dans sa petite tête, sous ses longs cheveux noirs.

— Cécile !

Une voix de femme avait crié. La petite fille s'était retournée, sans crainte.

Sa mère apparut. Elle la regarda avec gentillesse et simplicité.

— Alors, tu as ouvert toute seule, sans me prévenir. Bonjour messieurs, je suis Geneviève...

On se serra les mains, et c'est ainsi que je découvris Geneviève. Cette ancienne étudiante en médecine avait abandonné son internat pour se consacrer à un bel étudiant en droit, ils avaient eu trois enfants, il était devenu administrateur de biens et c'est lui qui devait organiser la production.

Dès le moment où elle avait su que le film allait se faire, Geneviève s'était mise à lire tout ce qu'elle avait pu trouver sur Fatima, les apparitions, le pèlerinage et le Portugal. Elle savait absolument tout. Je la verrais en remontrer aux autorités du sanctuaire. Elle allait rapidement devenir notre conseiller historique. Nos rapports pendant le film furent donc ceux que quasiment tous les metteurs en scène de films historiques connaissent avec leurs conseillers ; la haine. Je me souviens d'un livre très amusant, *Hollywood sur Nil*, où l'assistant d'Howard Hawks racontait le calvaire de l'égyptologue chargé de surveiller le tournage de *la Terre des pharaons.* « Comment ? Vous mettez des fourchettes... mais ce n'est pas possible... », s'étranglait ce malheureux qui, je crois, avait même tenté de se suicider. Encore avait-il affaire à un très grand metteur en scène. Je n'ose imaginer comment ça se passait pour les péplums tournés à Cinecitta... les stocks de casques romains qu'on se repassait de production en production, celles sur la Grèce comprises. C'est tout juste si le réalisateur ne mettait pas ses centurions sur des mobylettes.

Je ne suis pas de cette race-là bien sûr. Je respecte l'Histoire avec son grand H. Toutes mes séries de télévision le prouvent. Seulement, cette fois, ce n'est plus la télévision, ce n'est plus une série historique et documentaire, c'est un film et il va falloir le tourner en sept semaines. Et Geneviève, elle est bien gentille, mais qu'est-ce qu'elle croit avec cette histoire de chaussures qui ne sont pas conformes ? Elle est folle ? En petite Pyrénéenne courageuse, elle va monter à l'assaut : « Mais si, il *faut* changer de chaussures, celles-ci ne vont pas. » Je vais hurler : « Où elles sont les bonnes chaussures ? » L'habilleuse va jeter un regard mauvais à Geneviève. « Jé vé lé cherché »... Nous sommes en pleins bois, à dix kilomètres de la ville... Le directeur de production va intervenir en indiquant sa montre : « Pas question, faut tourner. » L'assistant va me prendre à part : « Faites attention, dans le plan suivant on verra forcément les pieds. — Bon, allez chercher les chaussures... » Nouveau regard hostile des trente personnes présentes sur le plateau vers Geneviève, la tête penchée, murée dans sa certitude. Elle a raison, mais ce n'est pas une raison... Elle ne comprend pas comment ça peut fonctionner dans nos têtes d'artistes, c'est une scientifique, le blanc c'est blanc, nous nous acceptons les nuances, du moment qu'on tourne.

Mais tout ça, Geneviève ne le savait pas encore. Elle venait seulement de nous serrer la main, et de nous faire entrer dans le salon, où nous attendait Maurice, son mari, le producteur du film. La quarantaine sportive, la prestance et le dynamisme d'un pilote de formule un, c'est un vrai producteur. Il sait d'instinct ce qu'il faut faire ou ne pas faire, où trouver de l'argent et comment le distribuer à bon escient, en un mot comment survivre dans ce difficile métier. Maurice Maupeu allait mener toute cette aventure jusqu'à son terme, un exploit. Il allait voir sa femme s'installer dans ce rôle de conseiller historique avec des sentiments mêlés ; ça lui faisait plaisir bien sûr, mais il ne fallait pas trop ralentir le tournage.

Geneviève m'étonnait. À l'écouter on sentait vite qu'elle était de gauche — comme on l'était en France avant 1981, encore soixante-huitarde avec le décalage de la province en plus. Croyait-elle vraiment à la réalité des apparitions ? Croyait-elle en Dieu ?... Elle croyait au film, c'était l'essentiel.

— Cécile, tu as dit bonjour à ces messieurs ?

Cécile disait bonjour. Elle ne se doutait pas du rôle qu'elle allait jouer. C'est le cas de le dire.

Cécile était belle, magnifique de mobilité et d'expression. Mais là, en ce printemps 1990, je la regardais avec un simple petit sourire, et je chassais cette idée que j'avais eue en l'apercevant, ce n'était pas possible. De toute manière, j'avais déjà décidé que ce film devrait être le plus authentique possible. Authentique cela voulait dire dans les paysages, avec des gens de là-bas, baignés dans cette lumière et cette histoire et cette mystique depuis leur naissance.

Et c'est ce que je ferais. Avec une équipe franco-portugaise, nous allions, Geneviève et moi, passer des semaines à choisir les comédiens, tous non professionnels. Un seul critère : qu'ils n'aient jamais fait de théâtre amateur, qu'ils n'aient pas cette pollution-là.

Ah ! ces maisons cernées d'un mince filet de couleur, blanches de propreté et de netteté, blanches comme l'âme de ces paysannes qui les repeignent deux fois l'an, pour la fête de je ne sais quel saint, à l'intérieur et l'extérieur, la fameuse bande de couleur marquant cette constante rénovation ! Ainsi ce monde pauvre ne donne jamais l'impression d'être misérable. La misère, celle des murs noirs suintants, de la crasse et des rats, est absente de ces montagnes du centre du Portugal. Cette même impression s'étend au paysage. C'est un paysage de Giono, de Pagnol, ou dominent les oliviers dont les feuilles prennent des reflets argentés quand le vent les fait vibrer sous le soleil.

C'est aussi un monde de pierre, un étrange éparpillement de cailloux blancs, un paysage lunaire où rien ne peut pousser et où la seule chance de survie est l'élevage de bêtes rustiques comme les chèvres et les moutons. Pas étonnant que la Vierge se soit adressée à des bergers : il n'y a que ça dans la région.

Je suis arrivé à Fatima au début de mai 1990, juste avant le grand pèlerinage du 13 mai, qui promettait cette année-là d'être particulièrement important parce qu'il tombait durant un week-end.

C'était un voyage initiatique. L'avion était rempli de pèlerins, surtout des petites sœurs bretonnes priant tout haut et survolant les montagnes sacrées.

Le père Christian avait toujours son air de chien battu. Après avoir jeté un regard, pas si compréhensif que ça m'a-t-il semblé, vers les pèlerins, il s'est tourné vers moi.

— Savez-vous que le pèlerinage est au fond la forme la plus anciennement connue de congés payés ?

L'originalité.

— C'est la première forme des vacances. Les pèlerins partaient, abandonnaient tout, champs et paroisses, pour aller à pied à Saint-Jacques-de-Compostelle, par exemple...

Des pèlerins à pied, j'en verrais beaucoup ce jour-là, sur la route de Fatima. Cela dit, quand on sait la manière hallucinante de conduire des Portugais, on comprend qu'ils préfèrent la marche à la voiture. (Premier rang des accidents dans le monde, avant la Turquie et la France, triste record.)

On les croisait, de plus en plus nombreux à mesure que nous montions vers le sanctuaire... Fatima est à près de sept cents mètres d'altitude. Ils peinaient, des familles entières, les femmes avec le balluchon sur la tête, les hommes qui marchaient devant avec le fameux bâton de pèlerin à la main, la longue canne avec la gourde attachée en haut.

Beaucoup avaient ajouté à ces vingt, quarante ou parfois cent kilomètres à pied des difficultés supplémentaires. S'imposer de ne pas manger, ou de ne pas boire, ou de ne pas parler. Une de nos habilleuses recrutées localement nous racontait qu'un de ses cousins avait fait ce vœu de ne pas parler pendant ses trente kilomètres de marche jusqu'à Fatima. Mais pas très loin de la fin de son calvaire il s'était perdu et avait dû demander son chemin. Estimant qu'il avait trahi sa pénitence, il était revenu à son point de départ pour refaire le trajet... Cela ne paraît pas invraisemblable, quand on voit cette foule converger, fourbue, vers la grande place de la basilique où quelques-uns parcourent aussi ce que l'on appelle là-bas l'*Espada del Cielo*, l'escalier du ciel, une bande de marbre de deux mètres de large et huit cents mètres de long que l'on fait à genoux, parfois les bras en croix, ou mieux encore, en rampant.

Le père Christian contemplait ce spectacle sans visiblement l'approuver.

— L'Église n'a rien à voir avec ces pratiques ou celle des cires...

Les cires... Il s'agit d'un rite étrange, apparemment bien païen, et qui consiste à faire fondre dans un feu constamment entretenu des moulages en cire à cierges de parties du corps malades, en espérant que ce geste amènera la guérison. On voit exposés, à côté de la basilique, des seins, des intestins, des yeux, des coudes, des genoux en cire... du pire effet.

Après un moment de silence, nous nous sommes dirigés vers la maison du sanctuaire. Au passage, nous avons fait une petite prière à la Vierge dont la statue domine aujourd'hui le petit chêne vert (il a poussé) sur lequel elle est apparue voici bientôt soixante-quinze ans. Dans mon cas c'était même une grande prière, tant les difficultés de ce film m'apparaissaient de plus en plus et m'angoissaient. Avant d'entrer dans les bureaux très fonctionnels et informatisés de la gestion des pèlerinages, j'ai jeté un regard vers cette immense esplanade de Fatima deux fois grande comme la place Saint-Pierre de Rome et où j'allais voir le lendemain plus de cinq cent mille personnes rassemblées, ce qui est beaucoup.

J'ai arrêté le père Christian.

— C'est incroyable... C'est ça, la petite Cova da Iria, la cuvette naturelle bordée d'arbres où les trois petits bergers ont vu la Vierge en 1917... ce que c'est devenu...

Sans répondre le père m'a entraîné vers le bureau de Mgr Guerra, où nous allions faire la connaissance de notre conseiller religieux, le père Augusto Pascoal, un type épatant. Mais nous allions surtout entreprendre une discussion qui ne s'achèverait qu'à la cinquième version du scénario, celle qui serait traduite en portugais et expédiée à Lucia.

Car des trois enfants qui virent la Vierge, seule Lucia a survécu. Les deux autres, Jacinta et son frère Francisco, sont morts presque tout de suite, victimes semble-t-il de la terrible épidémie de grippe, dite espagnole, qui fit à peu près vingt millions de morts dans toute l'Europe juste après la Première Guerre mondiale. Mais cette épidémie elle-même et sa mortalité très élevée s'expliquent par l'état de fatigue, de misère, de sous-alimentation dans lequel la guerre avait plongé la plupart des populations européennes. Jacinta et Francisco ont sans doute été emportés par l'épidémie, mais l'état d'épuisement causé par les privations et punitions de toutes sortes qu'ils s'étaient infligées a peut-être contribué à les affaiblir. Lucia, elle, déjà plus âgée — née en 1907, elle avait dix ans —, devait aussi être plus solide. Les photographies de l'époque des apparitions la montrent comme une bonne grosse fille bien charpentée, l'air buté et déterminé, peut-être a-t-elle aussi survécu grâce à cela.

En tout cas sa foi et les conseils des hommes d'Église qui prirent l'affaire en main l'amenèrent à entrer très tôt au couvent, où elle apprendra à lire et rédigera ses mémoires, document un peu indigeste et qui demande à être interprété, comme toutes les écritures destinées à être saintes. Elle a donc passé sa vie chez les carmélites, elle y est encore au moment où j'écris ces lignes, une petite sœur rondelette et souriante qui chante paraît-il si bien les cantiques, pendant qu'une commission spéciale instruit son procès en béatification.

Seuls sont autorisés à la voir son médecin et Mgr Guerra, qui lui a apporté, fin juin, notre scénario. Inutile de direr que nous étions anxieux, Geneviève et moi... Nous nous étions efforcés d'écrire une vraie histoire pour un vrai film, fidèle à la trame des événements mais où nous avions introduit des éléments romancés pour le rendre accessible à un large public. Sœur Lucia va lire le scénario, et nous adresser une longue lettre pour préciser ou modifier une dizaine de points, et c'est tout. Nous tiendrons d'ailleurs compte de toutes ses remarques. Sur un point, elle va nous donner une information nouvelle, assez troublante. Nous avions écrit le scénario d'après ses mémoires et les quelques ouvrages, relativement rares, sur Fatima, puis confronté tous ces détails avec le savoir des bons pères. Nous décrivions, par exemple, la troisième apparition de l'ange qui précède la Vierge comme elle était racontée partout : l'ange a dans sa main un calice, il va donner la communion aux enfants, mais auparavant il s'agenouille pour prier avec les enfants, en laissant le calice flotter dans l'air. D'après tous les textes, à ce moment-là les enfants se sont agenouillés avec dévotion. C'est donc ce que nous avions mis dans le scénario. « Mais non, pas du tout, nous écrivait sœur Lucia, quand nous avons vu le calice flotter en l'air nous avons été tellement stupéfaits que nous avons ri et battu des mains, et l'ange nous a rappelés à l'ordre... »

Elle était là, elle avait vu.

C'est son histoire que je vais raconter, l'histoire de Jacinta et de Francisco, l'histoire des trois petits bergers.

Elle commence par un petit matin du printemps, en 1915, dans le village d'Aljustrel près de Fatima. C'est la première image de mon film. La porte de la maison des Dos Santos est fermée, on entend la voix de Maria-Rosa, la mère de Lucia, qui crie : « Dépêche-toi ! » Et la porte s'ouvre.

3.

Lucia

Lucia avait ouvert la porte, saisie par le froid coupant, le silence de l'aube. Comme retenue par le sommeil, elle s'était penchée contre le bois, elle y avait posé un instant la tête, avec ses cheveux déjà enserrés dans le fichu noir brodé, mais sa mère, Maria-Rosa, avait mis doucement sa main sur son épaule.

— Il faut y aller...

Lucia avait relevé la tête, fait un pâle sourire — il faut être brave, quand on va garder les moutons pour la première fois —, puis descendu les trois marches et traversé le chemin. Devant la bergerie, sa mère l'avait rejointe avec une jupe de tête, celle qui se met sur les épaules. Elle frissonnait. Maria-Rosa l'avait regardée avec tellement de bonté mais aussi de tristesse qu'elle en aurait pleuré.

— C'est que tu as l'âge maintenant, tu as l'âge...

Elle l'avait serrée un peu, pas trop, pour ne pas s'attendrir. Et Lucia en reniflant avait rassemblé ses bêtes, c'était plus facile qu'elle ne l'aurait cru. Peut-être était-elle douée, c'est un beau métier que celui de berger, et il n'y a pas grand-chose d'autre à attendre de la vie, dans ces montagnes.

Sa mère était toujours là, au milieu du chemin, elle aurait mieux fait de rentrer, Lucia s'était retournée une fois, puis elle avait poussé ses moutons vers le pâturage.

Et voilà. La vraie vie commençait pour elle, comme pour toutes les petites filles du village. Elle allait les rejoindre près du moulin, en prenant garde à ne pas mélanger les bêtes, mais au bout de quelques jours chacune saurait exactement comment faire, et à quel moment se retrouver pour jouer, pour manger ensemble le petit bout de pain de midi ou pour tout simplement rêvasser, en regardant les agneaux.

Et puis c'était le retour, quand le soleil rouge illumine la campagne, comme s'il coulait le long de la pente qui descend jusqu'à la mer. Lucia rêvait et soupirait en courant derrière les moutons pressés de rentrer à la bergerie. C'est cela, être berger, il faut apprendre à suivre les animaux, qui savent mieux que vous. À mi-pente, elle allait retrouver Antonio son père et Manuel son grand frère, elle leur dirait un petit bonjour et ils souriraient et pour eux aussi le passage de la petite bergère deviendrait le signal du retour à la maison.

« À la soupe ! » disait Antonio en mettant la bêche sur l'épaule et en prenant dans son bonnet plié un peu de tabac. Dans quelques instants la famille allait se nicher *dans* la grande cheminée, ce serait toute une affaire de bruissements de jupes, de rires étouffés, de raclements de sabots sur la pierre du sol, et, serrés à n'en plus pouvoir respirer autour de la seule source de chaleur de la maison, ils profiteraient du meilleur moment de la journée, de la vie.

Maria-Rosa n'en finissait pas de contempler ses six enfants. Son grand plaisir, c'était de les détailler, de les nommer, de montrer qu'elle s'occupait également de tous. Mais chacun savait qui était la favorite : Lucia, bien sûr, la plus petite.

Lucia s'asseyait toujours à gauche, sur son tabouret bas qui la faisait presque disparaître entre Carolina, qui venait d'avoir quinze ans, et Gloria, qui en avait déjà vingt. « J'espère qu'elle ne va pas faire comme les deux grandes, Teresa qui en a vingt-quatre, et Maria, toujours sur son métier à tisser, qui en a vingt-six, les hommes sont-ils si rares dans nos campagnes ? Au moins elle a de la religion. Tout le monde a de la religion... »

Maria-Rosa poussa un profond soupir.

Son visage s'éclaira.

Elle entendait Antonio et le grand fils se laver les mains bruyamment dans la fontaine sous le péristyle. Ils entrèrent en jetant à la ronde un *Boa tarde* joyeux et allèrent se blottir contre le mur, à la meilleure place dans la cheminée, le dos appuyé à la réserve de bois. Tous avaient maintenant les yeux fixés sur la marmite où mijotait une maigre potée, bonne pour des affamés. Ils allaient se précipiter dessus. Maria-Rosa décida d'intervenir.

— Un instant !

Tous savaient par cœur le dialogue qui allait suivre. Dans un grand silence, ils regardèrent Maria-Rosa prendre le morceau de pain traditionnel, le plonger dans la marmite, le retirer avec un morceau de viande, c'est toujours le plus gros et le meilleur, pensa Carolina avec un peu d'amertume et beaucoup de faim.

— C'est pour le premier pauvre qui passera devant cette maison, énonça Maria-Rosa en posant le pain et la viande sur le rebord de la cheminée.

Carolina ne put s'empêcher de protester.

— Mais, maman, si ce que nous donnons aux pauvres nous manque après ?

Maria-Rosa la regarda avec sévérité..

— Ce que nous donnons aux pauvres ne nous manquera jamais.

Elle s'assit près de Lucia qui lui sourit. Quel sourire, pensa Maria-Rosa.

Elle prit le pain et le couteau pour les passer au père. Mais Lucia intervint.

— Hier, un pauvre est venu...

Ça recommence, pensa Carolina. Quand est-ce qu'on va manger ?

— ... et, poursuivit Lucia en souriant, papa lui a donné un saucisson entier...

— Je n'ai pas vu ça, dit Maria-Rosa en jetant à son mari un regard soupçonneux.

— Si, dit Lucia en écartant les mains, un saucisson grand comme ça !

Antonio eut un regard indulgent et un geste rendant à l'affaire ses modestes proportions.

— Et alors, continua Lucia, le pauvre a récité un *pater* et un *ave* et il a dit : « C'est pour vous et votre petite fille pour que Dieu vous accorde le bonheur. »

— Et pour moi, dit Maria-Rosa, il n'a rien dit ?

Antonio lui posa la main sur l'épaule.

— Tout ce qui est pour moi est pour toi.

— Alors, tout est bien, dit Maria-Rosa.

Pendant un instant, seul le crépitement du feu, le vent peut-être vinrent doucement se mêler au silence enchanté.

Puis Antonio se pencha.

— Bénissez-nous Seigneur, bénissez tous ceux de cette maison, bénissez le travail que nous avons fait aujourd'hui et le repas que nous allons prendre.

Un signe de croix, et tous se ruèrent sur la marmite. Antonio ne coupait pas les tranches de pain assez vite et chacun trempait la sienne dans la potée et ramenait son morceau de mouton et riait, en ces temps heureux.

Il n'y avait pas une grande vaisselle. D'habitude c'était toujours Teresa qui nettoyait la marmite dans la fontaine pendant que Maria allait vite s'installer à son métier à tisser ; Antonio irait l'aider pour lui passer les bobines les plus lourdes de fil ou de laine. Les autres filles restaient sur place, bien au chaud dans la cheminée, Maria-Rosa allumait la lampe à huile, qui devait bien dater des Romains, elle fumait jusqu'au plafond, et toutes recommençaient le ravaudage des mêmes pauvres habits, reprisés et raccommodés depuis des générations.

Ce soir-là, c'était un peu la fête : le premier jour au pâturage de la nouvelle petite bergère. Alors Manuel le grand frère était venu avec son accordéon, il avait fait chanter les filles, Gloria avait dansé le fado jusqu'à ce qu'un bruit de sabots sur les dalles du péristyle fasse dresser les oreilles. Au centre de la porte, dans le petit guichet si pratique et si original qui permet aux visiteurs des maisons portugaises de passer leur tête et de s'annoncer en quelque sorte avant d'être autorisés à entrer, s'était encadré un bon et gros visage d'enfant, l'air inquiet.

— Maria-Rosa, criait-il tout essoufflé, Maria-Rosa !

Maman est tombée, viens vite, vite, elle s'est fait très mal au genou !

Maria-Rosa s'était levée aussitôt. Mais à peine était-elle arrivée à la porte que de l'autre pièce, près du métier à tisser, Antonio lui lançait :

— Tu ruines ta santé en voulant soigner tout le monde.

Maria-Rosa s'était retournée, d'un seul bloc.

— J'aide les autres et Dieu m'aide.

Et elle était sortie, comme ça, dans le noir, sans son châle.

Pensif, Manuel avait rangé son accordéon, et les filles s'étaient recroquevillées sur leur ouvrage.

Ainsi s'était passée cette première journée de Lucia au pâturage.

Elle regardait le feu maintenant, sentant le sommeil la gagner. Dans quelques instants tout le monde serait au lit, les enfants sur les paillasses dans la grande pièce, les parents dans la chambre, on attendrait Maria-Rosa partie comme souvent se dévouer, soigner, accoucher, consoler... Lucia, sa prière faite, pensa encore à elle avant de s'endormir.

Les jours passaient. Partout ailleurs dans le monde on était en 1915 mais ici dans la montagne ça n'avait pas beaucoup de signification, pas plus que le mot Lisbonne, la capitale où personne n'était jamais allé. Tout ce qu'on savait c'était que la police et la mairie étaient à Vilanova de Ourem, à vingt kilomètres, et c'était bien suffisant. On savait que ces gens d'Ourem n'aimaient pas beaucoup les curés et les curés disaient que le pays était aux mains des rouges et des francs-maçons. Plus loin, en France et ailleurs, il y avait la guerre et le père avait peur que le Portugal s'en mêle et qu'on lui prenne Manuel et tous les grands garçons du village. Ainsi au pâturage la conversation roulait, doucement : « Et le curé de Fatima... — Il me fait peur... — Quand tu vas faire ta première communion ? » Il commençait à faire très chaud, c'était un été particulièrement sec, les petites bergères avaient sommeil.

Lucia fut la première à s'endormir. Elle se réveilla, à un moment, pour aller se réfugier un peu plus loin dans une espèce de grotte formée par deux gros rochers sous un olivier. Le soleil était au zénith, implacable. Dans l'ombre, Lucia sortit un morceau de pain et commença à le mastiquer. Une des petites filles vint la rejoindre, pour manger avec elle. Lucia était assise, le morceau de pain à la main, la bouche ouverte, les yeux fixes. L'autre, étonnée, suivit la direction du regard et s'aperçut qu'il y avait quelque chose d'étrange. Près de l'olivier il y avait... c'est difficile à décrire, dira Lucia, comme une statue de neige que les rayons du soleil rendaient transparente, un bonhomme de neige en plein été, une sorte de nuage blanc, un drap qui remue.

— Mais qu'est-ce que c'est ? parvint à articuler la petite bergère.

Elle commençait à trembler. Lucia se serra contre elle.

— Je ne sais pas, je ne sais pas...

La lueur blanche disparut.

Lucia rentra à la maison, poussant devant elle ses moutons, bravement, comme d'habitude, sans rien dire à personne.

Un jour — combien de temps après ? — elle sut qu'elle devait affronter sa mère.

Maria-Rosa la prit par le bras et la conduisit directement dans sa chambre, sous le petit crucifix à la tête du lit.

— Pourquoi ne m'as-tu rien dit ?

Lucia baissa la tête.

— Qu'est-ce que vous avez vu là-bas ?

Maria-Rosa considérait sa fille pour la première fois comme une énigme.

— Mais pourquoi ne me l'as-tu pas dit ? Comme tes petites amies à leur maman ?

Lucia ne savait pas pourquoi.

— Bon, alors qu'est-ce que tu as vu ?

Lucia secoua la tête.

— Mais je ne sais pas, maman, je ne sais pas du tout.

Elle prit un air d'angoisse tel que sa mère lui mit la main sur l'épaule, tendrement. Lucia se détendit.

— Écoute, ça ressemblait... ça ressemblait à une personne entourée d'un drap. On ne voyait pas ses yeux, on ne voyait pas ses mains.

Maria-Rosa hocha la tête.

— Allons, allons. Ce sont des bêtises. Tu vas dormir une bonne nuit et ne plus y penser.

Lucia, rassurée, se demandait un peu plus tard dans son lit si ses cousins verraient aussi la forme blanche. Parce qu'il y avait aussi ça comme ennui : c'était maintenant Jacinta, sa petite cousine, qui voulait venir avec elle au pâturage. Mais elle était trop petite et sa mère, Olimpia, ne voulait pas. Francisco, je suis sûre qu'il n'a pas très envie non plus de monter au pâturage, mais Jacinta, elle, elle fait tout ce qu'elle peut pour venir avec moi, elle m'énerve, elle est toujours là au milieu des moutons quand je m'en vais et ils n'aiment pas ça. En pensant à ses moutons Lucia s'endormit.

4.

Jacinta

Jacinta frémissait d'impatience à l'idée de voir Lucia et ses bêtes. Elle frémissait d'impatience pour tout, pour la vie, pour la Sainte Vierge qui fait qu'elle est si belle, la vie, avec tant à faire, à aimer, à apprendre. Francisco, son frère, avait beau être un grand de sept ans — ou peut-être était-ce à cause de cela —, il était énervant à jouer du pipeau toute la journée comme s'il ne pensait à rien, ne s'intéressait à rien. Jacinta le regarda un moment. Il était assis sur le bord du petit muret qui entourait la maison, au milieu des fleurs traditionnelles. Les nôtres sont les plus belles puisqu'elles ont été plantées par maman, pensa Jacinta avec satisfaction.

Elle s'attendait à voir apparaître Lucia, mais ce furent Gloria et Carolina qui sortirent pour chercher de l'eau avec la grande cruche. Quand elles virent Lucia aller vers la bergerie, elles s'arrêtèrent, posèrent un instant leur fardeau et lui lancèrent en riant :

— Alors, il paraît que tu as vu quelqu'un enroulé dans un drap ?

Jacinta observait la scène sans comprendre de quoi il s'agissait, mais en percevant l'ironie un peu méchante du ton et le trouble de Lucia qui se mit à courir vers la bergerie et y entra sans se retourner, Jacinta oublia aussitôt l'incident pour se concentrer sur ce qui allait arriver, la sortie des moutons ! Elle se précipita vers eux, semant aussitôt le désordre dans le troupeau laborieusement organisé par Lucia, qui se mit à crier :

— Jacinta ! Mais arrête, arrête !

Elle courait dans tous les sens pour rassembler les bêtes, en écartant la petite.

— Mais je voudrais venir avec toi, lança Jacinta à sa cousine.

— Ta mère ne veut pas, tu n'es pas assez grande...

Déçue, Jacinta la regarda s'éloigner avec le troupeau, puis se retourna vers son frère qui n'avait pas cessé, pendant toute la scène, de jouer du pipeau. Jacinta frappa du pied sur le sol, sa manière favorite de montrer son irritation.

— Allez, viens, Francisco, on va jouer.

Docile, avec un geste gracieux, Francisco se leva et les deux enfants se dirigèrent vers leur endroit favori, le champ du figuier, qui va de la maison au moulin, avec son arbre immense, centenaire, sous lequel on peut s'abriter, se reposer, à l'ombre quand il fait chaud, serrés contre le bois épais et rassurant quand il fait froid. Ce figuier, c'est comme une maison, pensait Jacinta en courant vers les fleurs qui l'entouraient, je vais faire un beau bouquet pour maman. Soudain elle s'arrêta, et regarda autour d'elle.

Francisco venait d'enlever son pipeau de la bouche. Celui-là, il est assommant, pensa Jacinta, il joue tout le temps, alors forcément, quand il s'arrête, c'est qu'il se passe quelque chose d'important, par exemple qu'il a vu un lézard, ou un serpent.

Jacinta, attentive, le voyait maintenant ranger le pipeau dans sa chemise — là, il devait sûrement se passer quelque chose — et marcher. Jacinta suivit la direction et vit tout de suite que c'était le Nono qui devait faire encore des siennes. Maria-Rosa disait que c'était un petit-neveu du diable, il inventait toujours des méchancetés. Il était là, assis sur le muret qui longe tout le champ, les pieds pendants. Jacinta se rapprocha et vit avec horreur qu'il était en train de plumer un malheureux oisillon. Comment peut-on être si méchant ? pensa-t-elle. Des larmes lui vinrent, pendant qu'elle voyait Francisco se rapprocher du garnement et s'asseoir sur le muret près de lui.

C'est rare, tout de même, qu'il se mêle de quelque chose, s'étonna Jacinta, intriguée par la tournure de l'événement.

Francisco fouillait dans sa poche. Il en sortit une toupie.

L'autre continuait à arracher plume après plume avec un sourire sardonique.

— Tu la veux ? dit Francisco avec difficulté.

Le Nono, étonné, regarda la toupie et la trouva à son goût.

— Et toi tu veux quoi ?

— Je veux ton oiseau.

L'autre éclata de rire et lui tendit une pauvre chose palpitante et meurtrie que Francisco prit doucement entre ses mains. Il descendit de son muret, et s'éloigna vers le champ. En passant devant Jacinta, elle l'entendit s'adresser à voix basse et douce à l'oiseau :

— Fais attention, toi... ne te laisse plus attraper une autre fois.

Et, des larmes de tendresse aux yeux, elle le vit tendre le bras en l'air et ouvrir la main. Au début rien ne bougea, puis petit à petit la forme ébouriffée reprit son allure d'oiseau et, maladroitement d'abord puis d'un seul coup, partit franchement vers le ciel.

Jacinta battit des mains, puis courut embrasser son frère. Elle dansa ensuite longuement au son du pipeau, et lorsque, bien plus tard, le soleil devint rouge, les deux enfants rentrèrent, avec encore tout un frémissement de bonheur, vers leur belle maison décorée d'un beau trait de jaune sur la façade.

Lucia était déjà là. Elle avait dû rentrer ses bêtes plus tôt que d'habitude, parce qu'on sentait venir l'orage. Il faisait lourd, elle était assise sur la margelle, fatiguée. C'est bien fait, pensa Jacinta, si elle avait voulu qu'on aille avec elle, on l'aurait aidée.

Francisco s'approcha, et sortit son pipeau. Mais au moment de jouer il se ravisa et s'en servit pour désigner un joli reflet de soleil couchant dans la vitre de la fenêtre près de la porte.

— Regardez, dit-il, le rayon de soleil, qui fait tout briller. C'est comme des étoiles.

Jacinta adorait ce genre de conversation. C'était sa vie, sa poésie, sa continuelle palpitation devant la beauté.

— Les étoiles, continuait Francisco, décidément très changé ce jour-là, ce sont les chandelles des anges.

— Et la lune, dit Jacinta, c'est la lampe de Notre-Dame.

Francisco réfléchit.

— Oui, mais le soleil est bien plus beau.

Il cherchait l'idée, le terme approprié, avec une sorte de souffrance.

— C'est la lampe de Notre-Seigneur.

Olimpia, leur mère, s'était approchée, venant du jardin avec son grand panier. Longue et belle, adossée un instant à la porte, les yeux à demi fermés, ses cheveux défaits, elle les écoutait, fascinée.

— Moi, dit Jacinta, je préfère la lampe de Notre-Dame. Elle ne fait pas mal aux yeux.

Olimpia accusa le coup. Elle comprenait, et son beau visage s'assombrit.

— Ça, ça veut dire qu'elle souffre de la lumière, ma petite fille.

Les enfants prirent conscience de la présence de leur

mère, et Jacinta se précipita dans ses jupes, entourant sa taille.

Olimpia lui caressa doucement les cheveux.

— Ça veut dire qu'elle est un peu fragile, ma toute petite fille.

Et Jacinta enfouit sa tête dans la bonne et chaude odeur.

Jacinta n'était pas toujours facile. Ce dimanche-là — il faisait chaud, tout le monde faisait la sieste, sauf dans la grande pièce, que les Portugais appellent la pièce du dehors et qui ne sert que dans les grandes occasions — Manuel, l'aîné des garçons, s'efforçait en transpirant de calligraphier une lettre à une mystérieuse correspondante d'au-delà de la montagne. Dans le jardin, assis sur les dalles qui recouvraient le puits, les trois enfants jouaient aux petites pierres. Un jeu de pauvres, comme les osselets, mais avec des cailloux.

Était-ce la chaleur, l'absence de vent, la lourdeur de tout ? On sentait venir la dispute.

Jacinta, comme d'habitude, essayait de tricher en prenant le tour de son frère. Cette fois, ça n'avait pas passé.

— C'est pas ton tour ! s'écria Lucia. C'est à Francisco.

Francisco, fatigué d'avance, chercha la conciliation.

— Ça m'est égal...

Lucia, butée, était prête à la bagarre.

— Si, c'est ton tour, y a pas de raisons, c'est à toi de jouer.

Jacinta d'un geste sec envoya promener toutes les pierres du jeu. Elle se leva et, les bras croisés sur la poitrine, l'air sévère, balançant sa jupe comme une vraie petite mégère, s'en alla vers la maison.

L'affaire prenait un tour si grave — et si contraire à l'harmonie ambiante — que les deux autres se levèrent d'un commun accord et coururent derrière elle. Ils la rattrapèrent sous le péristyle et entrèrent avec elle dans la grande pièce où Manuel, qui avait déjà beaucoup de mal avec son travail d'écriture, montra immédiatement son irritation devant leur intrusion.

— Tu as fini de bouder ? dit Lucia à Jacinta. Si tu veux on joue à autre chose.

Jacinta comme à son habitude frappa le sol du pied, ce qui fit sursauter Manuel.

— Si tu veux, dit encore Lucia qui cherchait désespérément à sauver la situation, on pourrait jouer au jeu des gages...

Elle savait que c'était le jeu préféré de Jacinta. La petite, prise par les sentiments, fit mine de réfléchir puis acquiesça.

— On peut se mettre là ? demanda Lucia à Manuel qui n'eut pas le temps de dire non.

Les trois enfants s'assirent presque à ses pieds, sur le sol, et prirent aussitôt la position du jeu, les coudes sur les genoux, les têtes dans les mains, les trois nez à cinq centimètres de distance et les yeux rivés sur ceux des autres. Le premier qui rirait aurait un gage.

À ce jeu, qu'elle adorait, Jacinta craquait toujours la première. En dix secondes elle était pliée en deux de rire.

— Tu as un gage, tu as un gage, crièrent en même temps Lucia et Francisco.

Jacinta, les yeux fermés, commençait son attente délicieuse du gage.

— Tu vas..., hésita Lucia.

Jacinta se mit à trépigner, les yeux toujours fermés.

— Alors, alors !

Lucia réfléchissait.

— Attends, il faut que je trouve.

Depuis le temps, tous les gages avaient été épuisés. Elle regarda autour d'elle, vit son frère qui n'avait pas l'air content du tout. Voilà l'idée... ça allait faire des étincelles.

— Tu vas, dit-elle avec malice, embrasser mon frère.

Jacinta enleva ses mains qui couvraient ses yeux.

— Embrasser ton frère ?

Elle regarda Manuel, puis hocha la tête et continua son mouvement des yeux sur la pièce. Elle eut soudain l'air pensif.

— Non, il ne faut pas me demander cela. Il y a mieux, comme gage. Par exemple...

Les deux autres la regardaient en se demandant ce qu'elle allait encore inventer.

— Pourquoi ne me demandes-tu pas d'aller embrasser Notre-Seigneur ? dit-elle en montrant du doigt le crucifix qui depuis toujours régnait sur la grande pièce.

Étonnés, et vaguement conscients que le jeu basculait, les deux enfants firent oui de la tête, en se demandant ce qui allait se passer.

Jacinta se leva, prit une chaise plus haute et plus lourde qu'elle, et entreprit de la traîner jusqu'au mur. Manuel, désormais, suivait avec une sorte d'intérêt gêné cette nouvelle bizarrerie de la petite cousine.

Jacinta, après avoir réussi à installer la chaise et à monter dessus, enleva avec peine le crucifix de son clou et le prit dans ses bras avec infiniment de délicatesse. Puis elle redescendit avec difficulté et resta plantée là, regardant Lucia droit dans les yeux. Au bout d'un moment, Lucia, gênée, lui dit :

— Bon, eh bien, embrasse-le.

Jacinta continuait à la regarder sans bouger.

— Combien de fois ? dit-elle, dans la logique du gage.

Lucia, que toute cette affaire commençait à inquiéter un peu, fit comme si elle réfléchissait, puis :

— Bah ! je ne sais pas, moi, trois fois...

Jacinta, comme si elle avait une arrière-pensée :

— Pourquoi trois fois ?

Lucia poussa un soupir.

— Eh bien... parce que... une pour moi, une pour Francisco, une pour toi...

Jacinta lui lança un air de reproche triste.

— A Notre-Seigneur, j'en donne, moi, des baisers, sans compter.

Et elle se jeta littéralement sur le crucifix, embrassant le métal avec tant de passion que les autres, de plus en plus gênés, se rapprochèrent d'elle pour intervenir. Mais elle s'arrêta soudain et se mit à genoux, tendant le crucifix à bout de bras et le contemplant gravement.

— Pourquoi il est cloué comme ça ? demanda-t-elle.

J'avoue que quand j'ai écrit cette scène dans le scénario, et plus encore quand je l'ai tournée, je me suis posé bien des questions. Est-ce que tout cela était vrai ? D'où venaient ces informations ? Qu'est-ce que je racontais exactement, un conte de fées, une histoire vécue ou une parabole édifiante ? Il y avait un peu de tout cela, à ceci près que le conte de fées pouvait fort bien avoir été réel, et que tout édifiante qu'elle fût cette histoire provenait directement des mémoires de Lucia. D'ailleurs la manière dont ces mémoires avaient été rédigés était révélatrice de la méthode employée par l'Église dans cette affaire comme dans d'autres. Le principe de base, c'est que l'Église est toujours très réticente dans les cas d'apparitions, de miracles... Ces faits sont très nombreux chaque année dans le monde, mais seule une infime partie, comme Lourdes et Fatima, est « reconnue », c'est-à-dire admise et officialisée.

Dans le cas de Lucia, après son premier témoignage devant les prêtres et autres autorités de toutes sortes, il lui fut demandé non seulement de rédiger le récit de ce qui s'était passé, et pour cela il lui fallut d'abord apprendre à lire et à écrire, mais de le faire plusieurs fois, pour voir si elle allait se tromper, se couper, révéler ainsi une fraude ou un mensonge quelconque. Cette méthode prudente et méfiante allait donner naissance à cinq cahiers, le cinquième encore inédit mais auquel nous avons eu accès, qui ne sont pas cinq versions différentes mais *complémentaires* des événements de 1915 à 1917. A chaque rédaction, des années 30 aux années 70, la carmélite de Coimbra reprenait les mêmes faits, se rappelait un épisode oublié (j'ai évoqué plus haut sa lettre et ce détail extraordinaire qui lui était revenu après tant d'années) et petit à petit le puzzle s'était entièrement recomposé et la trame organisée. C'est donc à partir de ce travail que le scénario puis ce livre ont été écrits. Les faits sont tels que Lucia les a décrits, avec évidemment la dramatisation propre au cinéma et à la littérature. Dramatisation, mais pas invention. Par ailleurs, je pourrais peut-être dire : je ne sais pas si c'est une histoire vraie, mais je crois que c'est une histoire vécue. Ou plutôt, c'est une histoire vécue, et dans mon cœur je crois qu'elle est vraie.

Lucia, interloquée, regarda Jacinta, puis quêta du regard une aide des autres, qui assistaient à la scène, la gorge serrée.

— Pourquoi il est cloué ? redemanda Jacinta.

Avec peine, Lucia parvint à articuler :

— Parce qu'il est mort pour nous.

Peu satisfaite de cette formule de catéchisme, Jacinta contempla le crucifix en demandant d'une voix plus basse :

— Je veux savoir comment ça s'est passé.

Elle n'eut pas le loisir d'en demander davantage, car le crucifix lui fut arraché des mains avec violence par Maria, la grande sœur, celle du métier à tisser. Furieuse, elle le tenait serré contre sa poitrine en criant :

— Lucia ! Mais tu sais bien qu'il ne faut jamais toucher aux statues des saints ! Tu te rends compte, ça c'est encore plus grave, c'est un crucifix !

Lucia, pâle et incapable de répondre, fut sauvée par Jacinta, qui était toujours à genoux et qui se leva pour affronter la dévote.

— Mais pourquoi la grondes-tu ? C'est moi qui l'ai fait.

Maria la toisa puis se calma.

Jacinta s'avança vers elle.

— Je te promets que je ne le ferai plus.

Maria fit un geste, comme pour la frapper, mais qui se termina en caresse. Puis elle désigna la porte.

— Bon, allez jouer dehors.

Et, dans le dos des enfants qui détalaient vers le jardin :

— On ne peut pas vous permettre de jouer dans la maison, vous ne laissez jamais rien en place !

Mais ils étaient déjà loin.

L'après-midi se passa en une longue et fiévreuse interrogation, Lucia répondant de son mieux, jusqu'à ce que Jacinta fonde en larmes.

— Mon Dieu, criait-elle au milieu de ses sanglots, mon pauvre Seigneur, je ne dois plus faire aucun péché !

Et Lucia, émue jusqu'au plus profond d'elle-même, la prit dans ses bras, et se mit à pleurer avec elle.

Cette scène fut le prélude au changement de Jacinta. Un autre événement avait eu lieu, très significatif, pendant la procession du Saint-Sacrement dans les rues de Fatima.

Au départ de l'église, Lucia était parmi les petites filles habillées de blanc avec de jolies ailes dans le dos, comme des anges. Elles devaient jeter des fleurs sur le passage du cortège entourant le grand ostensoir. Les habitants de Fatima et de toute la région étaient rangés de part et d'autre du parcours, baissant pieusement la tête devant le dais porté par quatre solides gaillards. Au moment où, sortant ses fleurs de son panier, Lucia passa devant la famille Marto, au premier rang, Jacinta s'échappa des bras de sa mère et entra dans le cortège, créant une certaine confusion, comme elle l'avait fait avec les moutons l'autre matin. Lucia courut vite la prendre par le bras pour la reconduire dans la foule, mais la petite ne voulait pas bouger.

— Je veux jeter des fleurs moi aussi, criait-elle plus fort que les chants religieux.

Lucia, très gênée, ne savait plus que faire et Jacinta continuait à crier :

— Je veux donner des fleurs à Jésus !

Le curé leur lança un regard courroucé, Lucia assembla vite une brassée de fleurs et la déposa dans les bras de Jacinta, qui se mit à la suivre. L'incident vite oublié, Lucia reprit sa distribution, surveillant tout de même de temps en temps du coin de l'œil son imprévisible cousine. Au bout d'un moment, elle s'aperçut que Jacinta, au lieu de jeter ses fleurs, les gardait serrées contre elle, et avançait comme un automate, les yeux fixés sur l'ostensoir.

Quand tout fut fini, le dais et le saint sacrement rangés, la dernière note des chants perdue dans l'écho des voûtes de l'église et la foule dispersée, Lucia rejoignit Jacinta sur le chemin d'Aljustrel. La petite marchait à l'écart de sa famille, perdue dans ses pensées. Lucia, intriguée par son comportement, lui mit la main sur l'épaule.

— Pourquoi tu n'as pas lancé de fleurs à Jésus ?

Jacinta ne répondit pas tout de suite, gardant les yeux obstinément fixés sur le sol. Les deux fillettes marchèrent un moment, puis Jacinta se décida.

Elle jeta à Lucia un regard désolé.

— Parce que je ne l'ai pas vu.

— Comment ça tu ne l'as pas vu ?

— J'ai bien regardé, je ne pouvais pas lui jeter de fleurs, il n'était pas là.

Lucia secoua la tête en souriant avec indulgence.

— Mais non, ça n'est pas ça, l'Enfant Jésus ne se voit pas, il est caché dans l'hostie. Tu comprends ? Il est caché, c'est lui que nous recevons dans la communion...

Jacinta essayait de comprendre.

— Mais toi, tu l'as faite, ta communion ?

— Oui, tu le sais bien...

— Alors, quand tu reçois le petit Jésus, tu parles avec lui ?

— Oh oui, dit Lucia à voix basse.

Jacinta fit quelques pas puis se retourna vers Lucia, qui eut l'impression qu'on allait aborder les questions délicates.

— Mais comment, dit Jacinta, est-il possible que tant de gens reçoivent l'Enfant Jésus en même temps ? Il y en a un petit morceau pour chacun ?

— Mais non, dit Lucia, il y a beaucoup d'hosties et dans chacune d'elles il y a un Enfant Jésus caché.

Soudain, sans qu'il y ait eu le moindre signe avant-coureur, Jacinta explosa, dans un grand mouvement de bras, sous les regards inquiets de la famille qui marchait plus loin.

— Moi aussi ! criait-elle, je veux faire ma première communion ! Je vais demander à maman, je veux voir Jésus caché ! Je veux parler avec lui !

Lucia la rattrapa par le bras et s'efforça de la calmer.

— Non mais tu as fini ! Arrête de crier ! D'abord, ce n'est pas possible...

Jacinta stoppa net.

— Pourquoi ?

— Parce que tu es trop petite, tu le sais bien... il faut avoir l'âge...

— Mais tu ne l'avais pas, l'âge, quand tu as fait ta première communion !

— Oui mais moi, dit un peu plus fort Lucia qui commençait à s'irriter, je connaissais tout mon catéchisme, pas toi.

Francisco s'était rapproché de sa sœur et avait suivi la fin de la conversation. Au grand étonnement des filles, habituées à plus de détachement, il articula :

— Ça n'est pas juste.

Tous trois cheminèrent un instant en silence.

Puis Jacinta se fit plus douce :

— Veux-tu m'apprendre le catéchisme ? dit-elle à Lucia.

L'autre ne répondit pas. Et tous s'en allèrent vers le

village, vers Aljustrel que la lumière de l'été enveloppait de brume et de chaleur.

Ce ne fut que l'année suivante que Jacinta se décida enfin à poser la question à sa mère.

Ce fut un soir de printemps. Il faisait doux et toute la famille Marto s'attardait un peu à la veillée. Dans la cuisine, près de la cheminée, les deux grands fils, José et Antonio, jouaient aux cartes, sous les yeux d'un plus jeune frère, João, en parlant du seul sujet qui désormais alimentait toutes les conversations du Portugal, l'envoi d'un corps expéditionnaire dans le nord de la France pour se battre aux côtés des Alliés contre les Allemands.

Dans la pièce du dehors, assemblés autour de la lampe à huile, Manuel le père et Francisco réparaient un grand panier d'osier. De l'autre côté de la table, penchée sur son ouvrage, Olimpia jetait de temps en temps un bref regard vers Jacinta, apparemment très occupée à suivre avec son doigt les lignes du bois de la grande table. Mais on sentait qu'elle mijotait quelque chose.

— Maman..., se décida-t-elle enfin.

Olimpia avait l'oreille trop exercée aux moindres intonations de sa fille pour ne pas détecter aussitôt qu'il s'agissait d'une grande occasion. Comme elle savait à peu près ce qui allait se passer, elle prit son ton le plus simple, le plus détaché.

— *Sim, minha filha...*

Jacinta inspira profondément, comme un athlète qui va se lancer, mais à ce moment ses deux sœurs vinrent dire bonsoir. Dérangée, Jacinta leur jeta un regard furieux.

Puis elle alla directement se blottir dans les bras de sa mère. Elle se faisait câline. Ça doit vraiment être important, pensa Olimpia.

— Maman... Lucia m'apprend le catéchisme.

— C'est bien, ça, ma fille...

— Oui, mais tatie Maria-Rosa l'envoie tous les jours garder les moutons...

— Il faut bien, ma petite.

Manuel intervint, sans quitter des yeux son ouvrage.

— Il faut bien... la vie n'est facile pour personne... et maintenant en plus il y a la guerre...

— Mais écoute, dit Jacinta, si j'allais avec elle, et avec Francisco aussi, elle pourrait continuer à me l'apprendre, le catéchisme...

Mis en cause, Francisco dressa l'oreille. Toute cette affaire ne l'intéressait pas outre mesure, il faut se lever tôt, marcher beaucoup, il n'avait pas trop envie, lui, de devenir berger si vite. Mais il n'allait pas non plus se risquer à contrarier sa sœur. C'était un pacifique.

Olimpia trancha le débat.

— Votre père et moi nous pensons que Francisco et toi vous n'avez pas encore l'âge.

— Mais, rétorqua Jacinta, Lucia non plus n'est pas grande...

— Elle est déjà forte. Et ses parents ont besoin de son aide. Vous deux, vous laisser des journées entières par monts et par vaux, c'est autre chose.

— Oh, maman ! implora Jacinta, c'est pour le catéchisme...

Comme chacun sentait qu'il n'y avait pas d'autre issue et que ce petit bout de femme ne lâcherait pas prise, Manuel décida de porter secours à sa femme et de se rendre lui-même, en tant que chef de famille conscient de ses responsabilités.

— Bon, bon, d'accord. Vous pouvez y aller.

Jacinta se précipita dans ses bras, sous l'œil mauvais de Francisco.

C'était devenu la routine. Ils se retrouvaient à l'aube devant la bergerie. Après quelques jours, tout se passait si bien que la charge du modeste troupeau des Marto, autrefois conduit par les grands frères, fut confiée à Francisco et Jacinta. Les deux petits troupeaux mélangés, ils allaient le plus souvent dans cette grande cuvette naturelle, la Cova da Iria, bien ombragée, avec une bonne pâture et les champs des Dos Santos à proximité. Et puis il y avait cette fameuse grotte naturelle où Lucia avait cru voir quelque chose — mais elle avait oublié. C'était surtout un abri idéal quand il pleuvait et un endroit merveilleux pour jouer.

Ce jour-là, un bel après-midi du printemps 1916, Jacinta était particulièrement heureuse. Elle dansait sur la rocaille du chemin, au son du pipeau de Francisco, s'éloignant des deux autres en virevoltant, jusqu'à ce qu'elle s'étonne d'être si loin en avant. Alors elle était montée sur un gros rocher, une sorte de plate-forme qui dominait la vallée. Le paysage était magnifique, et, plus bas, poussant les moutons sur la pente, elle voyait Lucia et Francisco qui la cherchaient des yeux.

Elle mit ses mains en porte-voix et cria pour signaler sa présence.

— Lucia... Francisco !

A sa grande surprise, un écho extraordinaire déferla sur la vallée.

« *Lucia... Francisco !* »

Jacinta répéta avec délices l'expérience, jusqu'à ce que les deux autres arrivent au pied du rocher. Lucia, voulant constater par elle-même le phénomène, eut soudain une inspiration. Elle mit ses mains en porte-voix, et cria de toutes ses forces.

— *Ave...*

Presque instantanément Francisco avait crié, lui aussi, très fort :

— *Maria !*

Et, comme si l'appel avait été entendu, l'écho les submergea d'un *Ave Maria* si fort et si net qu'ils restèrent tous trois stupéfaits, émerveillés, et ils recommencèrent à appeler la Vierge. Elle répondait du fond de la vallée, c'était un jeu magnifique et ils battaient des mains et ils riaient et ils appelaient.

Au-dessus d'eux, les nuages s'amoncelaient, noirs de l'orage qui allait venir.

L'orage éclata presque tout de suite, déferlant sur la montagne, battant les rochers et les oliviers de la vallée. Il fallait courir mettre les moutons plus en sécurité sous les arbres, puis se réfugier dans la grotte. Ils s'y laissèrent tomber tous les trois en même temps, trempés et riant, puisque tout était un jeu. Et ils regardèrent la pluie, en grignotant. Dès qu'elle vit que le temps s'améliorait, Jacinta sauta sur ses talons.

— On va jouer !

Lucia secoua la tête.

— Non, il faut dire notre chapelet d'abord.

Les deux autres lui montrèrent aussitôt que l'idée n'était pas très populaire. Lucia s'efforça de composer. Elle trouva, à la satisfaction générale, une formule de compromis qui consistait à passer les grains à toute vitesse en marmonnant un bref « Ave… » puis le grain suivant « Maria », jusqu'à ce qu'en quelques courtes minutes l'affaire fût expédiée. Ils rangèrent leurs chapelets, un tout petit peu honteux mais tellement pressés d'aller jouer…

— Les petites pierres, vous êtes d'accord ? demanda Francisco.

Les filles étaient d'accord. Dès la dernière goutte d'eau tombée, il sortit en courant de la grotte pour ramasser des cailloux ronds qui tiendraient bien dans la main — c'était lui qui savait le mieux les choisir.

Il s'accroupit, tendit la main vers le sol... et un très fort coup de vent fit dévier son bras et le déséquilibra.

Stupéfait, ne comprenant pas ce qui lui arrivait, il se retourna et vit, près de l'arbre qui formait une voûte au-dessus de leur grotte, une grande lueur blanche.

A ce moment Lucia et Jacinta étaient sorties elles aussi, toutes souriantes, pour aller jouer. Apercevant la lueur, elles poussèrent un cri et se mirent à reculer quand elles la virent avancer vers elles.

C'était très impressionnant, cette sorte de drap translucide bougeant dans le vent et grandissant au fur et à mesure qu'il approchait des enfants terrorisés.

Pis encore, ils virent émerger, au centre de la lueur, une forme humaine, et cette forme tendait un bras vers eux... Soudain ils entendirent une voix, qui chantait presque :

— N'ayez pas peur...

La voix était si douce que la peur disparut en effet.

La lueur s'effaça doucement, et ils virent un ange tout de blanc vêtu, comme il sied à un ange, avec un visage d'ange mais, ils le décriront ainsi, pas très différent des jeunes gens de quinze ans de la région, avec sa peau mate et ses cheveux bouclés.

L'ange avança encore un peu, tendant toujours la main pour tranquilliser les enfants.

— N'ayez pas peur. Je suis l'ange de la Paix.

Subjugués, émerveillés, les enfants le virent soudain s'agenouiller en leur disant :

— Priez avec moi.

Ils se regardèrent un instant puis Lucia donna le signal et ils se mirent à genoux à leur tour face à l'ange qui se prosterna alors longuement, le front appuyé contre le sol.

Peu habitués à ce genre de démonstration, plus courante dans l'islam que dans le christianisme, les enfants hésitèrent puis se prosternèrent à leur tour.

Un moment s'écoula, et comme ils devenaient de plus en plus attentifs et concentrés, ils se rendirent compte que le bruit ambiant avait disparu. C'était un silence, c'est le cas de le dire, surnaturel, d'où ne s'échappait nul murmure de vent, nul chant d'oiseau ou vrombissement d'insecte. Mais ce n'était pas non plus un silence sépulcral, c'était comme une bulle qui était venue les entourer. Et ils s'y sentirent bien, confortables, ils allaient pouvoir prier dans le calme.

Et la prière vint. Elle était maintenant attendue, nécessaire.

L'ange commença, d'une voix basse, si basse et si profonde que même dans ce silence les enfants durent faire l'effort d'écouter, ce qui leur permit de bien entendre, de bien comprendre et de bien répéter.

— *Mon Dieu*, dit l'Ange,
Je crois
J'adore
J'espère
Et je Vous aime
Je Vous demande pardon pour ceux qui ne croient pas
N'adorent pas
N'espèrent pas
Et ne Vous aiment pas.

Les trois enfants, prosternés, le front dans l'herbe, répétaient chaque mot, avec peut-être, mais personne ne s'en rendit compte cette fois-là, un léger décalage entre Francisco et les deux autres.

5.

Francisco

L'ange s'était redressé, et regardait les trois enfants prosternés qui achevaient de répéter ses paroles.

— Priez ainsi, leur dit-il. Les cœurs de Jésus et de Marie sont attentifs à la voix de vos supplications.

Les enfants relevèrent la tête et le virent s'effacer, disparaître en même temps que le bruit revenait, presque assourdissant maintenant.

Francisco fut le premier à se relever, encore sous le choc d'une telle rencontre. Il alla lentement vers la grotte, suivi des deux fillettes qui marchaient comme en apesanteur, les yeux dans le vague, cherchant dans la grotte leurs affaires et allant ensuite machinalement vers les moutons. Lucia d'un seul coup sembla émerger du rêve. Elle prit d'une manière que le garçon jugea étrange, brutal, les bras de Francisco et de Jacinta et leur dit d'une voix basse mais véhémente :

— Je crois qu'il faut qu'on ne dise rien à personne.

Les deux petits approuvèrent de la tête. Et tinrent parole.

Puis Jacinta s'en fut prendre un agneau dans ses bras pour le porter, le visage penché vers les doux yeux du petit animal.

Francisco la regardait sans comprendre.

— Je fais comme Notre-Seigneur sur une image qu'on m'a donnée, dit Jacinta.

Puis elle ajouta, avec un sourire beaucoup plus angélique que celui de l'ange lui-même :

— Lui aussi, il est comme ça, au milieu des brebis.

Au début les enfants continuèrent leur vie de tous les jours, sans rien raconter de leur aventure singulière. Mais ils en parlaient beaucoup entre eux, évoquant toute l'histoire pour s'efforcer de comprendre pourquoi, pourquoi eux, pourquoi de cette manière... Ils étaient là, assis comme à leur habitude sur la margelle du puits dans le fond du jardin, les pieds et les bras ballants, ressassant... C'était dimanche, et tout d'un coup Jacinta en eut assez. Elle se leva comme un ressort et poussa un cri d'Indien.

— On va jouer !

Les deux autres suivirent immédiatement, cela faisait tellement longtemps... le rire revenait, on se détendait, littéralement, Francisco dessinait sur le sol avec une craie un parcours et hop, à cloche-pied, on revivait ! Lucia avait déjà fait un sans faute, quand elle s'arrêta net, bouche bée.

Elle mit la main sur son cœur. L'ange était là, sous l'arbre près du puits, dans son auréole de lumière blanche.

— Que faites-vous ? dit-il d'un air sévère.

Tout autour de lui la nature fit un grand silence.

Il s'avança d'un pas.

— Priez, priez beaucoup.

Les enfants tombèrent ensemble à genoux.

L'ange leva la main et dit :

— Les saints cœurs de Jésus et de Marie ont sur vous des desseins de miséricorde. Offrez continuellement au Très-Haut des prières et des sacrifices.

Lucia baissa la tête puis la releva. Elle eut le courage de poser sa question :

— Mais... comment est-ce qu'on peut faire des sacrifices ?

L'ange la regardait avec bonté et intérêt.

— De tout ce que vous pourrez, offrez à Dieu un sacrifice en acte de réparation pour les péchés par lesquels Il est offensé, et de supplication pour la conversion des pécheurs.

Ce langage peut-être un peu difficile laissa Lucia songeuse. Mais l'ange continuait.

— Attirez ainsi la paix sur votre patrie...

Sa voix se fit plus forte.

— Je suis son ange gardien, l'ange du Portugal.

Et il ajouta d'une voix plus douce :

— Surtout, acceptez et supportez avec soumission les souffrances que le Seigneur vous enverra.

Et sur cette inquiétante prédiction, il disparut.

Les trois enfants restèrent prostrés un moment. Soudain, Lucia entendit dans son dos Francisco dire à voix très basse, comme dans un souffle :

— Qu'est-ce qu'il a dit ?

Elle se retourna vers lui.

— Pourquoi tu me demandes ça ?

— Parce que, dit Francisco très embarrassé, je n'ai rien entendu.

Les deux filles, stupéfaites, s'interrogèrent du regard.

Francisco continua en rougissant.

— J'ai vu l'ange, ça c'est sûr. Seulement... je ne peux pas entendre ce qu'il dit.

Il était au bord des larmes.

— Mais, dit Lucia, tu avais bien répété sa prière avec nous ?

— Non, non, j'ai répété ce que vous disiez...

Cette révélation laissa les deux filles pensives.

Francisco prit le bras de Lucia.

— S'il te plaît raconte-moi ce qu'il vient de te dire...

Lucia se sentit tout à coup très fatiguée. Cette énorme intrusion d'un autre monde dans sa pauvre petite vie, et maintenant cet étrange mystère, qui retranchait à demi Francisco de la révélation, tout cela la dépassait tellement. Et lorsque le lendemain elle raconta tout à Francisco, elle s'aperçut aussi que bien d'autres choses la dépassaient. Car ce n'était pas tout d'avoir entendu les paroles de l'ange. Encore fallait-il les comprendre. Et quand Francisco lui demanda : « Mais c'est quoi, le ''Très-Haut...'' ? » et « Qu'est-ce que ça veut dire, ''Les cœurs de Jésus et de Marie sont attentifs aux voix de vos supplications'' ? » elle fut bien en peine pour répondre.

Cet état de fatigue continua les jours suivants. Les enfants se traînaient, tout juste bons à rassembler vaguement le troupeau et à le suivre plutôt que le guider.

Jacinta, sur le chemin du pâturage, n'arrêtait pas de se plaindre.

— Je ne peux plus marcher...

Et cela continuait.

— Je ne peux plus parler... je ne peux plus chanter...

Lucia, elle aussi, n'en pouvait plus.

— Je n'ai plus de forces.

Seul Francisco s'efforçait de dépasser cet état de torpeur.

— Moi aussi je n'en peux plus. Mais qu'est-ce que ça peut faire? L'ange est plus beau que tout...

Et lorsqu'ils arrivèrent devant la grotte, ils se jetèrent à genoux, et reprirent aussitôt la prière de l'ange...

— Mon Dieu, je crois, j'adore...

C'est alors qu'ils se sentirent enveloppés. Baignés dans une extraordinaire lumière, tellement brillante et douce à la fois, comme bleutée...

L'ange était là, lentement apparu au milieu de la blancheur et du silence. Il tenait dans sa main un calice étincelant.

Au-dessus du calice, une hostie flottait dans l'air.

L'ange regarda les enfants un instant, puis s'agenouilla, laissant en l'air le calice et l'hostie. Devant ce prodige, les enfants partirent d'un rire d'émerveillement.

L'ange les rappela à l'ordre, d'un geste ferme.

— Répétez après moi.

Et les enfants, prosternés, répétèrent ces mots qui étaient une longue prière ou un poème céleste :

Très Sainte Trinité
Père
Fils
Et Saint-Esprit,
Je vous offre le très précieux Corps,
Sang
Ame
Et divinité de Jésus-Christ
Présent dans tous les tabernacles du monde,
En réparation
Des outrages, sacrilèges
Et indifférences par lesquels
Il est offensé
Et par les mérites infinis de Son Très Saint Cœur
Et du Cœur immaculé de Marie
Je Vous demande la conversion de tous les pécheurs.

L'ange se releva, et saisit le calice qui tenait tout seul dans l'air. Il le prit de la main gauche, de la main droite il tint l'hostie, sur laquelle se forma une petite tache de sang.

Puis l'ange s'avança vers les trois enfants agenouillés, les mains jointes. Lucia, qui comprenait ce qui allait se passer, devint d'une pâleur absolue. C'était une communion extraordinaire, un moment unique où le divin venait du ciel jusqu'à elle.

Incapable de bouger, ni même, elle en avait l'impression, de respirer, elle ne pouvait voir près d'elle Jacinta ni surtout Francisco qui était dans le même état, comme de transe, devant ce moment inimaginable.

L'ange approcha l'hostie des lèvres blanches de Lucia, en disant lentement :

— Prenez et buvez le Corps...

Elle reçut l'hostie.

L'ange approcha le calice rempli de sang des lèvres de Jacinta.

— ... et le Sang de Jésus-Christ horriblement outragé par les hommes ingrats. Réparez leurs crimes, et consolez votre Dieu...

Puis il alla vers Francisco.

Quand celui-ci ouvrit les yeux, quelques instants plus tard, l'ange avait disparu.

Alors le petit berger, la tête entre ses mains jointes, murmura :

— Vous avez vu l'hostie ?

Il se redressa.

— Vous avez vu le Sang ?

Il tremblait.

— L'ange vient de nous donner la Sainte Communion !

Il parvint à articuler, d'une voix à peine audible :

— J'ai senti...

Il se cassa, littéralement, tombant sur lui-même en pleurant et en criant :

— J'ai senti Dieu en moi !

Mais tout cela s'oublia, au fil des jours et des mois. Lucia avait eu raison de se taire et de bien recommander aux deux autres d'en faire autant ; cela resta leur secret, puis un lointain et merveilleux souvenir.

A Noël, lorsque la pièce du dehors fut parée et les tables recouvertes de plats de friandises, de gâteaux et de modestes cadeaux, Lucia pouvait se sentir la plus heureuse des petites filles. Ses deux grandes sœurs, Gloria et Teresa, s'activaient autour d'elle pour la couvrir, écrit-elle dans ses mémoires, « d'une chaîne dorée, de grandes boucles d'oreilles qui tombent plus bas que les épaules et d'un joli chapeau couvert de paillettes d'or qui retenaient de grandes plumes de couleur ». Ainsi accoutrée, elle sortit avec le reste de la famille offrir aux villageois des gâteaux et des bonbons et alla avec eux à Fatima pour la messe de minuit.

Dans cette même église, une autre grande occasion allait être, au printemps 1917, le mariage de Teresa. Maria-Rosa vit partir sa fille avec tristesse, comme il se doit, mais une tristesse aggravée par le comportement inquiétant de son mari. Il passait plus de temps à la taverne qu'aux champs, et Maria-Rosa devait parfois prêter elle-même main-forte à son fils Manuel pour les travaux de la terre. « Mais où est passée la joie de ce foyer ? » soupirait-elle, sans se douter que la suite allait lui réserver bien d'autres surprises, bien d'autres drames, et bien d'autres joies.

Le 13 mai 1917, le dimanche avant l'Ascension, après avoir assisté, à Fatima, à la première messe du jour avec leurs parents, les trois enfants décidèrent d'aller à la Cova da Iria. Ils partirent vers dix heures, et mirent à peu près deux heures pour faire les trois kilomètres qui séparent Aljustrel de la Cova da Iria, leur lieu de pâturage et de jeu préféré.

Cuvette naturelle d'environ cinq cents mètres de diamètre, la Cova était bordée de collines ombragées d'arbres. Les enfants allaient souvent jouer et se reposer à l'ombre d'un grand chêne, et un peu plus loin, près des champs et de la pâture, il y avait un petit chêne vert marquant le centre de la cuvette, de la Cova.

Ce jour-là ils arrivèrent un peu avant midi, et après avoir expédié chapelet et casse-croûte, ils entreprirent de jouer, chacun de son côté, les filles cueillant des fleurs et Francisco s'activant à la construction d'un muret pour protéger de la voracité des moutons un buisson de fleurs, tâche essentielle à laquelle les filles vinrent bientôt s'associer.

Soudain, du ciel bleu intense, dans ce temps idéal de douceur et de soleil, un immense éclair vint balayer la vallée, accompagné d'un bruit de tonnerre, mais inhabituel, comme pour ajouter à l'étrangeté de la situation.

Les enfants laissèrent tomber les pierres qu'ils avaient dans les mains. Lucia, qui avait toujours le sentiment d'être la plus grande et la plus responsable, décida aussitôt de mettre tout le monde à l'abri.

Des orages, pensa-t-elle, il en arrive de très gros au printemps et qui font des dégâts. Ils rassemblèrent en vitesse leurs affaires et leurs moutons et les poussèrent vers le chemin. En passant devant le grand chêne, un second éclair traversa le ciel, avec un bruit encore plus fort que le premier. Cette fois les enfants, terrorisés, se mirent à courir en affolant les bêtes, tous les trois déjà courbés sous l'averse qui allait s'abattre sur eux d'une seconde à l'autre. Au moment même où ils dépassèrent le petit chêne vert, ils se rendirent compte qu'en fait d'averse ils étaient baignés dans une sorte de lumière. Ils eurent la très étrange impression que tout était devenu comme bleuâtre, lumineux, et — était-ce possible ? — comme doux et feutré. Petit à petit, dans cette bizarre et cotonneuse ambiance, ils s'arrêtèrent, ne sachant plus où ils étaient, éperdus, le cœur battant... Ils regardèrent lentement autour d'eux, comprenant peut-être déjà qu'un autre immense secret était de nouveau là derrière leur dos, et ils virent, éblouissante, une merveilleuse dame entourée de lumière et flottant, doucement, à quelques centimètres au-dessus du petit chêne vert.

6.

Marie

Il y a beaucoup d'impressions en même temps. La robe, d'abord, une merveille, si blanche, comme transparente, la lumière paraît à la fois venir d'elle et passer à travers ce qui semble être la soie diaphane ou le satin étincelant brodé d'or de ce manteau céleste. Et son visage... comment le décrire, ils osent à peine la regarder. Dans cette irradiation, cette lumière presque insoutenable, ils ont vu, eux les trois petits bergeers, un visage ineffable, rayonnant de douceur mais aussi avec de la tristesse et peut-être de la sévérité. Elle n'est pas toute jeune, d'ailleurs, cette dame. Ce n'est pas exactement une vieille, diront les enfants, mais tout de même, elle doit bien avoir quinze ans.

Le surnaturel avait bien fait les choses. Une première lueur étrange, puis l'année suivante trois apparitions successives d'un ange, et de nouveau, un an après, la Vierge. Les enfants étaient préparés. Ils étaient pourtant totalement paralysés, on le serait à moins.

La Dame étendit sa main, dans un geste irréel, extrêmement doux, infiniment caressant, qui les rassura et les détendit, petit à petit, jusqu'à ce qu'ils soient en mesure d'*entendre* la voix céleste.

— N'ayez pas peur. Je ne vous ferai aucun mal.

Quelle voix. Où la situer ? Là-haut, venue de ce visage si proche et si difficile à discerner ? A côté, dans les feuilles argentées des oliviers que nul vent, nul bruit désormais n'agitait, ou dans l'herbe qui avait pris la couleur de la rosée ? Ce doux miracle acheva de conquérir les enfants qui allaient maintenant s'installer dans le prodige comme s'ils étaient chez eux. C'est sans doute pour cela qu'ils avaient été choisis, pour l'enfance.

Alors Lucia s'avança, plus du tout impressionnée. Elle s'instaura tout bonnement porte-parole de l'humanité, en initiant un invraisemblable dialogue qui allait durer six mois.

— Madame... je peux vous demander d'où vous venez ?

Eh oui. C'était bien trouvé, il fallait commencer par là.

La Vierge (pour eux, c'était d'abord « la Dame ») lui répondit (comme elle allait toujours le faire par la suite) avec une sorte de froide précision, pour que tout soit bien compris, bien assimilé, même si parfois les mots s'avérèrent compliqués pour des enfants et le message difficile à retenir.

— Je viens du ciel.

— Mais... qu'est-ce que vous venez faire ? demanda Lucia.

Alors la Dame prit une voix un peu plus forte, pour qu'ils comprennent bien.

— Je suis venue vous demander de venir ici à la même heure, le 13 de chaque mois, six mois de suite. Plus tard je vous dirai qui je suis et ce que je veux.

Là, tout était dit, et les choses auraient très bien pu en rester là pour cette première rencontre. Mais c'était sans compter avec l'obstination enfantine, même avec Notre-Dame.

— Écoutez... vous dites que vous venez du ciel...

Lucia était partie dans une série de questions dont elle allait émailler tous ses dialogues avec la Vierge et qui allaient les rendre très originaux, souvent inattendus, parfois cocasses et en tout cas bien émouvants.

— Est-ce que moi je vais aller au ciel ?

La Dame ne répondit pas tout de suite.

Puis Lucia eut l'impression qu'elle lui adressait un sourire, infiniment bon.

— Oui, dit-elle, tu iras au ciel.

— Et Jacinta ? continua Lucia en regardant la petite, extasiée, à côté d'elle.

— Elle aussi, dit la Dame.

— Et Francisco ?

Cette fois il y eut une hésitation qui n'était pas de très bon augure.

Inquiète, Lucia regarda Francisco qui était là, bouche bée, fixant la Dame. Si c'est grave, pensa Lucia, il ne va peut-être pas entendre, comme avec l'ange, ça vaut mieux...

— Lui aussi, dit la Dame.

Lucia poussa un soupir de soulagement.

— *Mais...*, ajouta la Dame, il devra auparavant réciter beaucoup de chapelets.

Et voilà sans doute pourquoi ce malheureux enfant n'avait pas accès aux voix célestes. Il faut beaucoup, beaucoup de pureté, infiniment de grâce pour pénétrer dans le cercle.

Lucia, obstinée, continuait son interview.

— Écoutez, on a deux petites amies qui sont mortes, y a pas longtemps... alors il y en a une qui s'appelle Maria, Maria das Neves, vous voyez qui c'est ?... Est-ce qu'elle est déjà au ciel ?

— Oui, elle y est, répondit aussitôt la Vierge.

— Et l'autre, Amélia ?

— Elle est au purgatoire jusqu'à la fin du monde.

Lucia fit la moue, apprenant, et nous en même temps, que tout n'est pas donné, que l'on peut encore souffrir dans le ciel et que, sur terre, il doit y avoir une fin du monde. Ce fut la première prédiction inquiétante. Il y en aurait d'autres.

Mais la Dame eut aussitôt un geste rassurant, analogue à celui du début, comme une caresse, pour effacer l'inquiétude dans les regards des enfants. Puis elle les regarda avec attention.

— Voulez-vous, dit-elle d'une voix précise, vous offrir à Dieu, en acceptant toutes les souffrances qu'Il voudra bien vous envoyer, en réparation de tous les péchés qui l'offensent, et pour obtenir la conversion des pécheurs ?

Cela n'étonna pas trop Lucia qui trouva ces paroles très proches de ce qu'avait déjà dit l'ange. Elle se tourna vers les deux autres enfants mais ils étaient complètement perdus dans leur extase. Alors elle répondit pour eux.

— Oui, nous le voulons !

La Vierge eut un regard plus triste, semblait-il.

— Vous aurez beaucoup à souffrir...

Puis, toujours, le merveilleux sourire.

— La grâce de Dieu vous assistera, vous consolera toujours.

Elle étendit ses mains, et dans ce geste naquit un doux rayon de lumière qui enveloppa les enfants, symbole chaud et concret de l'amour qui entoure, l'amour de la mère pour l'enfant qu'elle porte puis qu'elle tient dans le creux de ses bras.

C'était, écrira Lucia beaucoup plus tard en s'efforçant peut-être de donner à son impression une allure conforme à la littérature religieuse, « ... une lumière si intense qu'elle pénétrait à travers notre poitrine jusqu'au plus intime de notre âme, et nous nous sommes vus en Dieu comme dans un miroir ».

En tout cas, là, sur le coup, complètement saisis par cette douceur divine, les enfants tombèrent à genoux, et tous trois, à la suite de Lucia, s'écrièrent :

— Mon Dieu, mon Dieu ! Je Vous adore !

Puis le mystérieux faisceau commença à s'estomper. Et la Dame leur dit avant de disparaître :

— Récitez le chapelet tous les jours. Récitez-le avec dévotion, pour que la paix revienne.

Et ils la virent monter doucement dans le ciel.

Au bout d'un moment, ils s'aperçurent que le bruit de la nature était revenu, comme après chaque apparition, d'autant plus assourdissant qu'il succédait à cet étrange et absolu silence, pour les ramener à la réalité.

D'un coup, Jacinta se précipita dans les bras de Lucia,

pleurant et riant à la fois. Mais Lucia vit tout de suite par-dessus son épaule que, derrière elle, Francisco faisait grise mine.

— Qu'est-ce qu'elle a dit ? demanda-t-il d'une voix plaintive.

Lucia repoussa doucement, tendrement, sa petite cousine en lui désignant les moutons, bien oubliés pendant les dix ou douze minutes que les enfants avaient passées hors du monde et du temps et qui menaçaient de faire des dégâts dans le champ voisin.

Jacinta courut aussitôt vers eux en esquissant parfois un pas de danse, et Lucia prit Francisco par le bras. Ainsi commencerait-elle, après chaque apparition, par la raconter à son cousin, avant de la transmettre au monde.

Elle ne songea pas tout de suite à transmettre la nouvelle, bien au contraire. Instruite par la première expérience, elle avait déjà obtenu le secret pour l'ange. Là, elle voyait bien que ce serait plus difficile. « Ah, la belle dame, la belle dame », chantait Jacinta à tue-tête en rassemblant les moutons. Lucia la rattrapa par le bras :

— Mais tu ne vas pas le dire à tout le monde, hein ?

Jacinta prit un air offensé.

— Sois tranquille, je ne dirai rien.

Peu rassurée, Lucia ramena les bêtes à la bergerie, en laissant sur le chemin Francisco en prière. Loin de s'inquiéter de cette première révélation sur son destin, il lançait, les mains jointes, les yeux levés au ciel : « O ma Notre-Dame, des chapelets, j'en réciterai autant que Vous voudrez... » D'enfants aussi excessifs, on pouvait attendre tous les drames et tous les bouleversements. Jacinta, la première, allait d'emblée les créer en se précipitant quelques instants plus tard dans les jupes de sa mère et en criant de toute sa petite poitrine :

— Maman, maman, je viens de voir Notre-Dame à la Cova da Iria !

Olimpia, qui revenait du marché avec son mari, les

bras encombrés de paniers, la regarda sans comprendre et se contenta de lui faire un bon et grand sourire, en continuant à avancer vers sa maison. Et Jacinta d'insister.

— Oui, oui, on a vu Notre-Dame et elle nous a promis qu'on irait au ciel !

Olimpia secoua la tête et partit d'un rire indulgent.

— Non, mais ça, ce n'est pas possible, ma petite chérie...

Elle posa ses paniers devant la porte, prit Jacinta dans ses bras et, en lui caressant les cheveux, lui dit avec tendresse :

— Tu me parais une belle sainte pour voir Notre-Dame...

Jacinta se rembrunit. Elle regarda autour d'elle, vit son père qui achevait d'attacher l'âne et qui s'approchait tranquillement.

— Mais si, je l'ai vue, et Francisco et Lucia aussi.

Là, Olimpia s'inquiéta un tout petit peu. Francisco avait beau être un rêveur, ce n'était pas un poète passionné comme sa sœur, pour sa mère c'était plutôt déjà un petit paysan raisonnable avec les pieds sur terre. Aussi, lorsqu'elle le vit surgir à son tour, elle l'interrogea aussitôt.

— C'est vrai ce que raconte Jacinta ? Que vous avez vu...

Elle n'arrivait même pas à prononcer le nom. Elle venait de s'apercevoir que Francisco avait un chapelet à la main.

— C'est vrai, dit calmement Francisco.

Décontenancée, Olimpia regarda son mari, puis les deux petits qui lui rendirent son regard, bien franchement.

— Et elle nous a dit de bien réciter notre chapelet tous les jours, ajouta Francisco, pour l'achever.

Maria-Rosa était littéralement folle de rage. Pour quelqu'un d'aussi énergique, d'aussi fort et rapide qu'elle, cela se traduisait par une sorte de refus complet, implacable, une tension extrême, comme pour balayer une telle horreur. Non, pas elle, pas après tout ce labeur, ce dévouement, le sort n'allait pas lui faire ça. Il fallait que ça s'arrête tout de suite, qu'on n'en parle plus jamais.

Devant la porte de sa maison, elle toisait Lucia qui, reniflante, essuyant ses pleurs avec la manche de son tablier, rassemblait ses moutons au sortir de la bergerie.

— Et surtout, hein, ne t'imagine pas que je croirai jamais un mot de toute cette histoire !

Lucia avançait avec le troupeau dans le chemin.

— Nous réglerons nos comptes, ma fille ! lui lança Maria-Rosa dans son dos, en se retournant et en claquant la porte derrière elle.

La journée fut morose au pâturage. Les enfants évitaient de se regarder, incapables de rien faire d'autre que de rester là, assis sur un muret, les jambes et les bras ballants, les yeux dans le vague, conscients que leur vie venait de basculer dans l'incertain et l'inquiétant.

Vers midi, Jacinta dit, comme au sortir d'une profonde réflexion :

— Elle nous a demandé de faire des sacrifices.

— Comment est-ce qu'on peut faire ? dit Lucia.

— Je sais, dit Francisco en sautant du muret. Je sais.

Elles le regardèrent avec intérêt.

— Si nous donnions notre goûter aux brebis, ça, ça serait un sacrifice.

Et ils s'en furent distribuer aux animaux leur repas déjà si pauvre en ces temps de misère et de guerre.

Un premier pas sur une dure pente, qui ne pouvait que les conduire à la mort.

Les jours se suivaient, de plus en plus pénibles. Les enfants, comme tous les gens du village, étaient habitués aux diatribes déraisonnables de la vieille folle en noir qui hantait les abords du lavoir, mais lorsqu'ils la croisèrent un soir elle se déchaîna en imprécations qui firent mal.

— Comment ça se peut-il des choses pareilles ? hurlait-elle en tendant vers eux un poing squelettique. Des gosses comme vous, de la marmaille ! Tout ça c'est toujours la faute de la famille !... Ils ont qu'à y mettre bon ordre ! C'est avec des bâtons que ça se fait taire !

Les enfants coururent vers la bergerie, conscients que les fous expriment tout haut ce que tous les autres pensent tout bas.

Plus douloureux encore fut un retour du pâturage où Lucia croisa deux voisines qui prirent bien soin de lever le ton quand elle passa :

— Inventer des choses comme ça ! Mon Dieu, il ne faut pas plaisanter avec la religion !

— Moi, ce qui me fait le plus de peine, dit l'autre, c'est pour la Maria-Rosa. La pauvre qui se tue au travail et qui fait tout pour les autres, la nuit comme le jour... que ça lui arrive à elle... mon Dieu !

Lucia courut vers sa maison, éperdue, pour se heurter dès l'entrée à Maria-Rosa de plus en plus remontée.

— Supercherie, supercherie ! cria-t-elle à sa fille en la voyant. Je ne peux pas, tu entends, je ne peux pas accepter un mensonge de la bouche de mes enfants.

Lucia essaya de chercher refuge dans la grande pièce. Mais Maria-Rosa la poursuivit :

— Et ce mensonge-là, je peux encore moins l'accepter ! Demain soir, quand tu rentreras, je te conduirai dans toutes les maisons du village. Tu avoueras aux gens que tu les as trompés et tu leur demanderas pardon !

Lucia fondit en larmes. Elle pleurait le lendemain en montant au pâturage.

— Vous comprenez, disait-elle à ses deux cousins en reniflant et en essuyant ses larmes, maman veut que je dise que j'ai menti ! A tout le monde ! Mais c'est pas possible ! pas possible...

Elle ne pouvait plus s'arrêter, les larmes, les hoquets, et Francisco prit violemment Jacinta par le bras :

— Tu vois ! C'est ta faute ! Pourquoi est-ce que tu as tout dit !

Jacinta tomba à genoux, d'un seul coup, pour bien se faire souffrir sur les cailloux du chemin.

— J'ai mal fait... je ne dirai plus jamais rien, dit-elle en sanglotant à son tour.

Maria-Rosa aussi était à genoux, à sa place habituelle au centre de l'église, perdue dans une longue prière. Elle communiquait à sa manière avec les diverses divinités protectrices, surtout saint Antoine, le patron du Portugal. C'était donnant donnant. Moi je fais le bien, toi tu me fais du bien, ou quelque chose d'approchant. Mais cette fois, leur relation avait changé : elle n'avait cessé de se dévouer, et quoi, on lui envoyait le pire, ou à peu près, quelque chose de proche du blasphème.

Elle poussa un gros soupir, se signa et, après s'être agenouillée une dernière fois, sortit au grand soleil.

Il n'y avait que la petite place en terre battue à traverser pour arriver au presbytère, l'endroit le plus beau du monde, pensait-elle à chaque fois qu'elle allait voir Monsieur le Curé, en contemplant la galerie couverte avec ses poutres et ses fleurs. Mais là, elle n'était pas d'humeur à s'extasier. Aussi, quand le curé de Fatima, après l'avoir écoutée, essaya de la calmer avec quelques bonnes paroles, elle explosa :

— Mais vous ne vous rendez pas compte, un tel malheur, ça n'arrive qu'à nous !

— Non, non, insista le curé, n'exagérons rien. Tout ceci va certainement s'arranger.

— Mais cette enfant fait de nous la risée du pays, cria Maria-Rosa en tournant brutalement les talons et en s'enfuyant, sous le regard inquiet du curé, stupéfié par une telle violence, si inhabituelle.

— Je vais lui apprendre, moi, je vais lui apprendre, sifflait Maria-Rosa entre ses dents en courant vers sa maison.

Lucia, dans ses mémoires, raconte pudiquement qu'ensuite sa mère « a fait tomber la poussière de son tablier ». A coups de manche à balai, oui. Battue, humiliée et offensée, la petite ne vivait qu'en attendant le deuxième rendez-vous.

Ce serait donc le 13 juin. Mais ce jour-là, c'était aussi la fête de saint Antoine, et en ce temps-là, comme encore aujourd'hui, tout s'arrêtait au Portugal, c'est la vraie fête nationale, les enfants sont parés de fleurs comme l'était ce matin-là Jacinta, belle à ravir mais d'humeur incertaine. Accrochée à la grande table de la pièce du dehors, comme pour s'y retenir, elle marmonnait « Maman, maman... ».

— Tu veux venir ! dit Olimpia excédée. Tu ne vois pas que tout le monde t'attend dehors.

On entendait les protestations de Manuel, entouré de toute sa famille endimanchée.

— Mais maman, aujourd'hui la Dame doit revenir...

Encore, pensa Olimpia en lui faisant signe de passer la porte.

— Oh, maman, viens avec nous à la Cova da Iria...

— Mais tu veux arrêter, non ? Je vais à la messe et toi aussi, ma petite ! Combien de fois il faut te répéter que ce matin c'est la Saint-Antoine...

— Saint Antoine il est pas beau.

Olimpia se retourna dans l'encadrement de la porte.

— Mais comment ça il est pas beau ?

— Parce que la Dame est plus belle, plus belle...

Olimpia commençait à perdre toute patience.

— Viens la voir avec moi, s'il te plaît, maman...

— Non, cria Olimpia, non et non je n'irai pas, ni toi non plus ! Mais ma pauvre petite, tu n'as pas encore compris qu'il n'y aura pas de Sainte Vierge...

— Mais si, dit tranquillement Jacinta. Elle a dit qu'elle viendrait, elle viendra.

Et de taper du pied, comme à son habitude. Olimpia, vaincue, laissa ses deux enfants libres de faire ce qu'ils voulaient, mais après la messe.

Pour Lucia, chez les Dos Santos, ce fut d'abord plus strident. Gloria et Carolina barraient la porte, toutes griffes dehors.

— On va bien voir si tu vas laisser la fête pour aller à la Cova ! grinça la plus grande.

— A la Cova, pour parler à la Dame, ajouta l'autre.

Outrée, au bord des larmes, Lucia força son chemin, et sortit pour s'arrêter aussitôt, figée.

Au milieu de la ruelle, devant la bergerie, il y avait un groupe de paysans. Pas des gens du village, ceux-là elle ne les avait jamais vus, ils étaient bizarres avec leur grand bâton sur lequel ils avaient fixé une gourde. L'un d'eux s'avança vers Lucia mais s'arrêta à deux mètres d'elle, d'une manière qui paraissait respectueuse.

— Bonjour, ma fille, dit-il

— Bonjour monsieur, dit prudemment Lucia.

— Que le Seigneur soit avec toi, dit l'homme en enlevant son chapeau avec déférence.

— Et avec vous aussi, répondit Lucia, de plus en plus intriguée.

L'homme fit un grand geste pour désigner les autres.

— Nous sommes venus t'accompagner à la Cova da Iria...

Lucia jeta un regard incrédule.

— Ces bonnes gens sont de Moïta, de Carrascos ou

de Boleiros, et moi, poursuivit l'homme avec un bon sourire, je suis de Minde.

Tout ça c'est loin d'ici, pensa Lucia.

Mais déjà les pèlerins l'entouraient avec cette sorte d'intérêt fiévreux qu'elle allait désormais rencontrer toute sa vie, et lorsqu'elle prit le chemin de la Cova, ils la suivirent, bientôt rejoints par d'autres.

Ils étaient à peu près une cinquantaine, vers midi, groupés autour du petit chêne. Les enfants étaient déjà à genoux, égrenant leur chapelet, et dans l'assistance, où il n'y avait pas que des dévots, mais aussi des curieux, on commençait à entendre des réflexions du genre : « Faut attendre encore longtemps ? » Lucia se retourna vers eux, comme pour les faire taire, en criant :

— J'ai vu l'éclair ! Elle va venir !

Ensuite elle se mit à parler, les mains jointes, le regard perdu d'adoration, vers le ciel au-dessus du petit chêne. Pas un des assistants ne vit autre chose que cela ; pas un n'entendit autre chose que la voix de Lucia. Le reste du dialogue, c'est elle qui le raconte.

— Que voulez-vous de moi ? commença Lucia, puisque c'était la phrase consacrée.

— Que vous reveniez ici le 13 du mois prochain et que vous récitiez votre chapelet, dit la Dame comme entrée en matière — ça aussi c'était désormais traditionnel. Mais elle ajouta quelque chose qui l'était moins.

— Je veux que vous appreniez à lire.

Et, au bout d'un moment :

— Je vous dirai ensuite ce que je désire.

Les spectateurs virent encore Lucia écouter, la tête baissée, puis se relever, l'air absent. La Vierge était partie. Partie vers l'est, dira Lucia. Et toutes les personnes présentes ce jour-là constatèrent avec émotion que les feuilles du petit arbre au-dessus duquel Lucia disait avoir vu la Vierge étaient toutes penchées et orientées dans la même direction — vers l'est, vers l'orient.

En voyant Lucia partir, l'air tellement préoccupé et triste, avec Jacinta et Francisco, les autres se précipitèrent pour lui demander ce qu'avait bien pu dire la Vierge pour la mettre dans cet état-là. Lucia répondit avec les trois phrases mentionnées plus haut, et pour le reste, dit-elle, c'est un secret.

De ce jour-là, 13 juin 1917, date une légende, celle des trois secrets de Fatima.

Celui-là, c'était le premier.

— Je vais te le dire, le secret, dit Lucia à Francisco qui n'avait cette fois encore rien entendu.

Les trois enfants étaient assis au centre de l'une de ces grandes aires de battage que l'on trouve partout dans la campagne portugaise et qui sont l'une des plus belles et des plus originales marques de ce pays.

Puis Lucia baissa la tête, incapable de se décider.

Francisco interrogea sa sœur du regard. Elle devait savoir, elle, puisqu'elle entendait ce que disait la Dame. Mais Jacinta semblait fermée elle aussi, comme si elle voulait laisser à Lucia le soin de révéler quelque chose de difficile.

Lucia se pencha vers Francisco et lui prit le bras.

— Tu sais... j'ai demandé à Notre-Dame de nous emmener au ciel avec elle.

Lucia s'arrêta un instant pour regarder Francisco. Son adorable visage, ses cheveux courts toujours en épis sur le front, ses grands yeux et ses pommettes roses. Des larmes vinrent aux yeux de la fillette. Mais elle devait continuer.

— Notre-Dame m'a répondu : « Jacinta et Francisco, je les emmènerai bientôt. »

Francisco la dévisagea comme s'il n'avait pas bien compris, puis regarda sa sœur qui baissa la tête.

Lucia pleurait maintenant tout à fait.

— Et puis elle m'a dit : « Toi, tu vas rester ici, pour me faire connaître et me faire aimer. »

Entre deux sanglots, elle cria presque :

— Oh, ça m'a fait de la peine, tu sais... Je lui ai dit : « Mais, je vais rester ici toute seule ! »

Elle pleurait, sans pouvoir continuer.

Francisco lui jeta un long regard, et, avec un calme surprenant, dit :

— Alors ?

Comme réconfortée, Lucia lui fit un pâle sourire.

— Elle m'a dit : « Tu souffres beaucoup, mais ne te décourage pas, je ne t'abandonnerai jamais. »

Là, dans le film, j'ai mis de la musique.

Olimpia n'avait jamais eu autant honte. Agenouillée à son banc au fond de l'église de Fatima, elle voyait se dérouler sous ses yeux une scène tellement invraisemblable, comme jamais sans doute de mémoire d'homme on n'avait dû en voir ici : le curé obligé d'aller calmer ses fidèles au milieu de l'église ! et pour leur dire *quoi* ! Et à propos de *ses* enfants !

— Il ne faut pas prêter la moindre attention à tout cela, ce n'est que le produit des imaginations ! J'insiste ! Oubliez tout ça ! Ne vous en occupez plus ! Je vous en conjure, n'y pensez plus ! N'y faites plus attention !

Elle se leva d'un seul coup, courut sous tous les regards vers la porte et s'enfuit, éperdue, vers sa maison.

Où étaient ces enfants du démon, mais où sont-ils donc ! Jacinta, Francisco ! arrivez ici tout de suite ! Elle hurlait en arrivant dans la petite cour. Ils sortirent on ne sait d'où, avec leur air effronté. Pour la première fois de sa vie, Olimpia se sentait la force et l'envie de les frapper.

— Mais ce n'est pas possible ! Vous trompez tout le monde ! Par votre faute il y a des gens qui vont prier à la Cova da Iria ! Il faut arrêter ça tout de suite sinon je vous tape dessus, moi !

Soudain à sa grande surprise elle vit Francisco s'avancer vers elle, l'air raisonneur.

— Mais, maman, nous n'obligeons personne à y aller... ceux qui veulent, ils y vont, ceux qui veulent pas, ils y vont pas.

Elle en tomba assise de saisissement. Elle resta un bon moment sur sa chaise, incapable de réaction, pendant que ses enfants, imperturbables, continuaient à dire leur chapelet près de la fenêtre.

Lucia, elle, chez les Dos Santos, prit la gifle à la volée — et, en se penchant pour en éviter une autre, un coup sur la nuque. Elle avait mal, elle pleurait, et Maria-Rosa qui criait et criait, sans arrêt.

— Et tout ça, c'est rien, rien de rien à côté de ce que va te faire Monsieur le Curé, tu vas voir !

Elle la poussa hors de la maison.

— Il va te châtier, Monsieur le Curé...

Les gens d'Aljustrel commençaient à s'attrouper, ameutés par les cris.

— Il va t'obliger à avouer que tu as menti, hurlait Maria-Rosa en tirant sa fille par la manche, en la traînant jusqu'à la place de l'église de Fatima.

C'est comme ça que ça s'est passé. Et ça ne s'est pas arrêté là, dans ce refus à peu près général, cette impossibilité de croire les enfants, d'admettre quoi que ce soit du prodige. En arrivant au pied de l'escalier du presbytère, Maria-Rosa, qui au passage avait attiré l'attention de tous, s'était une dernière fois retournée vers Lucia.

— Tu vas dire à Monsieur le Curé... — elle était tout essoufflée d'avoir couru et crié — tu vas lui dire que tu as menti. Comme ça dimanche prochain...

Elle entraîna à sa suite Lucia en haut de l'escalier.

— Il pourra dire ce qu'il en est à tout le monde...

Elles étaient arrivées devant la porte.

— Et tout sera en ordre, après...

Lucia, décomposée, poussée dans le corridor sombre, ne savait plus où elle en était.

Avant d'entrer dans le bureau du curé, Maria-Rosa eut encore la force de lui lancer, entre les dents :

— A-t-on idée de faire courir les gens à la Cova da Iria rien que pour aller devant un arbre ?

Puis elles entrèrent chez « Monsieur le Curé ».

Il ne se leva pas. Il était sur ses gardes, tassé sur lui-même, tellement mal à l'aise que Maria-Rosa et sa fille le sentirent et s'arrêtèrent net dans l'ouverture de la porte.

Au bout d'un moment, il leur fit signe d'avancer.

Il considérait Lucia. Mon Dieu, elle n'a pas l'air d'une menteuse ni d'une sorcière.

Il se détendit un peu. Et c'est d'une voix plus douce qu'il dit à Lucia :

— Tu vas tout me raconter, n'est-ce pas, tout ce que tu as vu et entendu à la Cova da Iria, et tout à fait librement...

Il se rendit compte de l'incongruité de ses propos. Il laissa passer un petit instant puis se tourna vers Maria-Rosa.

— Je crois que tu pourrais peut-être nous laisser, Maria-Rosa. Cette grande fille connaît bien le chemin de sa maison...

Maria-Rosa blêmit. Puis elle en prit son parti, et s'en alla. En descendant l'escalier, elle rencontra la sœur du curé, qui était si bonne.

— Ma pauvre, dit la brave dame.

Cela acheva Maria-Rosa. La pitié, maintenant.

Elle s'assit sur les marches, et mit sa tête dans ses mains.

— Quelle souffrance, dit-elle, mais à voix si basse que l'autre eut du mal à l'entendre, mon Dieu mais c'est ma fille... qu'est-ce qu'il faut faire... qu'est-ce que je peux faire ?

Elle releva des yeux pleins de larmes, vit la bonne dame, et s'enfuit.

Monsieur le Curé achevait de prendre des notes. Il posa son crayon soigneusement dans son plumier, relut un instant sa dernière phrase, puis referma son cahier et regarda longuement Lucia, toujours debout de l'autre côté du bureau.

— Tu m'as bien tout dit ?

Elle hocha la tête.

Le curé se leva pesamment. En gardant les yeux baissés, il fit en soupirant le tour de son bureau et se planta devant Lucia. Puis il la regarda avec intensité.

— Cela ne me paraît pas une révélation céleste.

Lucia, au bord des larmes, commença à trembler.

Le curé fit un grand geste, et d'une voix plus forte :

— Lorsqu'une chose comme celle-ci arrive, Notre-Seigneur demande aux âmes à qui Il daigne se manifester d'en rendre aussitôt compte à leur confesseur ou à leur curé.

Il pointa sur Lucia un index accusateur.

— Toi, au contraire, tu t'es dérobée autant que tu as pu.

Lucia baissa la tête. Que dire ?

Après un long silence, le curé rendit son verdict.

— Cela pourrait être une tromperie du démon.

Lucia sentit littéralement le sol glisser sous ses pieds. Éperdue, elle regarda autour d'elle, mais il n'y avait que des murs blancs où se dessinait comme une croix l'ombre de la fenêtre et, plus haut, un grand crucifix d'argent, maintenant énigmatique.

Le curé lui désigna la porte.

Elle n'y arriverait jamais tant ses jambes avaient du mal à la soutenir. Une intense fatigue, du découragement, comme une nausée et, surtout, de la peur. Une dernière fois elle se retourna pour chercher on ne sait quel réconfort. Mais le curé regardait par la fenêtre avant de prononcer d'une voix sentencieuse cette phrase historique :

— L'avenir nous dira ce qu'il faut en penser.

Le lendemain matin, sur le chemin du pâturage, Jacinta et Francisco observaient avec inquiétude Lucia qui, manifestement, avait dû pleurer toute la nuit et qui avançait, à l'écart, les yeux baissés, le visage comme raviné.

Soudain elle s'arrêta et se tourna vers eux.

— Et si c'était vrai, ce qu'il a dit, Monsieur le Curé, que c'était une tromperie du diable...

Jacinta avait envie de se précipiter sur elle, de la secouer, de faire quelque chose... Elle esquissa un mouvement désordonné au milieu des moutons et cria :

— Non, non ! pas le démon, pas le démon !

Puis elle se calma d'une seul coup et, regardant avec beaucoup d'attention le sol, elle dit, d'une voix très basse, comme inspirée :

— Il est là, sous terre, le démon. Et il est très laid.

Puis elle se tourna vers les deux autres et son visage s'illumina d'un merveilleux sourire.

— Et la Dame, elle, elle est si belle, et elle est dans le ciel. Nous l'avons vue monter dans le ciel, n'est-ce pas qu'on l'a vue monter dans le ciel... ?

Lucia fut un instant transportée. Mais sa confiance retomba vite.

— Oui, mais depuis que la Dame est venue, il n'y a plus de paix dans notre maison.

Elle fit quelques pas, sous le regard angoissé des autres.

— Je me demande, dit-elle comme pour elle-même, si ça vaudrait pas mieux que je dise que j'ai menti.

Elle se retourna vers les deux enfants.

— Comme ça, tout serait fini.

Atterrés, ils la regardaient. Un silence suivit, où tout aurait pu basculer. Francisco se précipita sur elle.

— Tu ne dois pas faire ça...

Il l'agrippait, la martelait de petits coups de poing.

— Si tu faisais ça tu mentirais et mentir est un péché !

Lucia passa tout le reste de la journée à méditer, assise sur un rocher, se balançant d'une manière inquiétante.

Le retour fut pénible. Elle le savait avant d'entrer. Derrière la porte, désormais, il y avait quelque chose de lourd, de pesant, d'oppressant. Elle entra et fut saisie par le silence. Ils étaient là comme un tribunal. Maria-Rosa, près de la porte, debout devant sa table de cuisine, coupait et recoupait on ne sait quel légume depuis longtemps haché menu mais qu'elle continuait, d'un geste rageur et machinal, à déchiqueter ; contre la cheminée Antonio regardait le feu d'un air menaçant... et Carolina la vipère, celle-là, prête à mordre, à assassiner... Oh ! comme les gentilles façades avaient volé en éclats.

Lucia s'efforça — mais comment était-ce possible ? — de traverser la pièce, qui soudain faisait des kilomètres. Son père l'arrêta.

— Lucia ! dit-il d'une voix sèche.

Puis il poursuivit, sans se retourner, sans la regarder.

— Est-ce que tu sais que les gens qui continuent à aller à la Cova ont fini par tout piétiner ? Et puis il n'y a pas que nous qui avons de la terre là-bas... les autres aussi on les saccage. Alors ils disent que c'est de ta faute et ils me disent qu'il faut que je leur rembourse leurs récoltes.

Maria-Rosa arrêta un instant de taper nerveusement avec son couteau.

— Quand tu auras faim, tu n'auras qu'à aller demander à cette Dame de te donner à manger.

Lucia regarda sa mère comme si elle ne la reconnaissait pas.

Carolina, comme on pouvait s'y attendre, en rajouta.

— Il va falloir que tu manges ce qui peut se cultiver à la Cova da Iria...

Et Lucia était partie en pleurant vers son coin de chambre.

Le 13 juillet 1917, depuis le petit matin, la foule avait commencé à s'amasser dans les ruelles de terre battue d'Aljustrel. Stupéfaits, inquiets, Jacinta et Francisco, se tenant par la main comme pour se protéger mutuellement, essayaient d'approcher de la maison de leur cousine, se frayant un chemin au milieu de gens qui se penchaient sur eux pour les observer de plus près, les détailler, les toucher... Ils parvinrent à la porte, ouvrirent le guichet.

— On peut voir Lucia ? demanda Francisco en passant son adorable frimousse dans l'encadrement.

Maria-Rosa, occupée dans la cuisine, ne daigna même pas répondre.

Au bout d'un moment, les enfants poussèrent la porte et entrèrent, saisis par l'atmosphère d'hostilité. A petits pas, se tenant bien serrés par la main, ils traversèrent la cuisine et la pièce du dehors pour arriver péniblement à la chambre où Lucia était encore couchée. C'est pour ça qu'ils étaient venus. Dans l'état où elle était ces jours-ci...

— Tu vas venir ? demanda anxieusement Francisco.

— Je ne peux pas, répondit faiblement Lucia.

Elle s'assit sur la paillasse, les regarda, elle avait mauvaise mine.

— Cette nuit j'ai fait un rêve affreux. J'ai vu le démon qui riait de m'avoir trompée...

Elle recommence, pensa Francisco.

— Alors il m'a agrippée, poursuivit fiévreusement Lucia, il m'a tirée pour m'entraîner en enfer... j'ai eu tellement peur que j'ai crié... J'ai crié si fort que j'ai réveillé ma mère. Je n'ai pas pu me rendormir...

— Mais comment est-ce qu'on va faire ? demanda tristement Francisco. On ne peut pas y aller sans toi... c'est toi qui lui parles.

— Non, non, allez-y... Si la Dame vous demande pourquoi je ne suis pas là, dites-lui que je ne suis pas venue parce que j'ai eu peur du démon...

Il n'y avait plus grand-chose à faire, ce n'était plus la peine d'insister. Les deux petits s'en furent, tristement, au milieu de cette foule de plus en plus importante.

Derrière leur fenêtre, Olimpia et son mari regardaient avec inquiétude ces gens s'agiter en tout sens. Soudain ils virent la foule s'écarter pour laisser passer Lucia qui courait vers leur maison. Elle entra, cherchant des yeux ses deux cousins. D'un geste de la tête, Manuel désigna la chambre.

Les deux petits étaient là, à genoux, le front appuyé sur le lit, pleurant et priant.

Des larmes vinrent aussitôt aux yeux de Lucia qui tomba à genoux auprès d'eux.

— Mais pourquoi vous n'y êtes pas allés?... C'est l'heure...

— Sans toi on n'a pas le courage, dit Francisco en reniflant.

Bouleversée, Lucia les prit par le bras, les tira vers elle, en les embrassant, en leur disant tout bas : « Je viens, je viens, je viens. »

Mais tout était devenu étrange et inquiétant. La foule continuait à s'amasser dans les ruelles d'Aljustrel.

— Ils ne peuvent pas y aller tout seuls, dit Manuel à Olimpia, anxieuse, et il ajouta : Je vais avec eux.

Tous le regardèrent avec reconnaissance. Tenant les deux petits par la main, suivis de Lucia de plus en plus apeurée, ils se frayèrent un chemin au milieu d'une foule qui n'arrêtait pas de grandir jusqu'à la Cova da Iria.

Combien étaient-ils là, sur le chemin, dans les gradins naturels sous les oliviers ? Deux, trois, quatre mille ? Les enfants, stupéfaits, se demandaient s'ils pourraient seulement parvenir au centre de la Cova.

Soudain, au bout du chemin, les murmures, les cris, tout ce frémissement de la foule s'arrêta et les gens s'écartèrent devant les enfants. Et surgit devant eux un couple d'une soixantaine d'années dont on sentait qu'il avait une sorte d'autorité.

— Bonjour Lucia, tu me reconnais ? Je suis Maria Carreira.

Non, Lucia, très perturbée, ne se rappelait pas la grosse dame.

— Mais si, nous sommes les Carreira, de Moïta, et

nous avons fait tout ce chemin, regarde, pour faire quelque chose en hommage à ta Dame, tu vas voir.

D'un geste énergique, elle prit Lucia par le bras et l'amena au centre, dans le terre-plein laissé tout de même respectueusement vide par la foule, et elle montra le petit chêne décoré de guirlandes de multiples couleurs.

— C'est nous qui avons fait ça ! dit-elle fièrement à Lucia.

Les deux autres enfants étaient arrivés et contemplaient avec un enthousiasme modéré la décoration.

Puis ils s'agenouillèrent tous les trois, en commençant aussitôt à dire leur chapelet.

Beaucoup en firent autant dans l'assistance, un certain silence s'établit, et, pour les enfants, ce fut de nouveau l'éclair, et l'apparition de la Vierge. Mais ensuite les choses ne se passèrent pas comme prévu.

Lucia était comme pétrifiée, prostrée, le visage enfoui dans ses mains, dans son chapelet, incapable de relever la tête.

Jacinta ne savait plus que faire. Elle regardait, extasiée, la Vierge là-haut au-dessus de l'arbre, jetait de brefs regards inquiets à Lucia toujours cassée sur elle-même, puis interrogeait des yeux l'apparition silencieuse, Francisco, qui ne comprenait rien. Et tout ce précieux temps qui s'écoulait... Mon Dieu, mais ça n'est pas possible ! Elle se pencha vers Lucia et lui cria, bas, dans un souffle :

— Lucia... *Lucia !*

Mais Lucia ne bougeait pas.

Au bout d'un moment, qui lui parut épouvantablement long, Jacinta, tout en surveillant l'apparition de peur sans doute qu'elle ne s'en aille, tira la manche de Lucia.

— Mais parle, parle...

Et comme l'autre ne bougeait toujours pas, elle la secoua.

— Tu ne vois pas qu'Elle est là...

Lucia, comme émergeant d'un rêve — ou d'un

cauchemar — releva la tête, prit conscience que la Vierge était au-dessus d'elle et rassembla toutes ses forces pour arriver à sortir péniblement du fond de sa gorge, d'une voix rauque, très basse, la phrase désormais rituelle :

— Que voulez-vous de moi ?

La Dame, elle, d'une voix douce et rassurante, annonça en préambule :

— Je veux que vous veniez le 13 du mois prochain et que vous récitiez chaque jour le chapelet en l'honneur de Notre-Dame du Rosaire, pour obtenir la fin de la guerre, parce qu'elle seule peut vous secourir.

Pour la première fois Lucia n'écoutait pas. De nouveau prostrée, elle était déchirée par tout ce qui venait de l'agresser. Alors quelque chose remonta du fond d'elle-même, et comme poussée, comme éclatée, elle se redressa et osa d'un cri fiévreux demander à la Vierge :

— Il faut que vous nous disiez qui vous êtes... il le faut.

Elle cacha sa tête dans ses mains, épouvantée par son audace. Puis elle reprit courage, releva son visage, et de nouveau eut cette force de dire :

— Il faut que vous fassiez un miracle !

La Vierge la regardait, énigmatique.

Lucia se fit suppliante.

— Il le faut... il faut un miracle pour que les gens croient enfin que vous êtes vraiment là !

La Vierge répondit aussitôt, d'un ton égal.

— Continuez à venir ici tous les mois.

Un infime instant, la déception envahit Lucia. Mais la Vierge continua :

— En octobre, je dirai qui je suis et je ferai un miracle pour que tous croient.

Un immense soulagement fit se prosterner Lucia, pendant que petit à petit les spectateurs s'apercevaient avec de plus en plus d'étonnement qu'autour d'eux tout devenait doré, l'air, les vêtements, les visages et les mains.

Tous, stupéfiés par le prodige, tombèrent à genoux.

Désormais, tout était redevenu comme avant pour Lucia qui tendait vers la Dame un visage d'adoration.

La Vierge commença alors en un mouvement très lent, presque imperceptible au début, d'ouvrir ses mains, et à mesure qu'elle les écartait un flot de lumière s'échappa, de cette lumière extraordinaire qui avait déjà enveloppé les enfants et qui allait de nouveau les prendre et les transporter de douceur et de joie.

Mais ce fut de courte durée. En quelques instants les spectateurs virent les enfants changer de visage d'une manière incompréhensible, jusqu'à ce que Lucia pousse un véritable cri d'horreur.

Puis, plus rien, un grand silence, chacun retenait son souffle.

Lucia, tête baissée, écoutait.

Au bout de quelques longues minutes, tous virent une sorte de nuage impalpable, comme une fumée, une aurore boréale, au-dessus du petit chêne.

Et ils virent Lucia se redresser, et marcher vers le chemin à travers la foule agenouillée, suivie de Jacinta et de Francisco perdus dans leurs prières. Tous se levèrent en même temps et se précipitèrent sur les enfants qui prirent peur et se mirent à courir. De tous les côtés fusaient les questions : « Mais qu'est-ce qui s'est passé ? Pourquoi as-tu crié ? Qu'est-ce qu'elle t'a dit ? » A quoi Lucia répondit, en se retournant une dernière fois avant d'être enlevée par Manuel dans une fuite éperdue vers le village :

— C'est un secret !

C'était le deuxième secret de Fatima.

Ce secret, Lucia mit près de vingt-cinq ans à le révéler, et encore, pas entièrement. C'est donc en 1941 seulement, et il est vrai que cette date ouvre la porte à certaines polémiques dont nous nous ferons l'écho plus loin, que la carmélite va donner, par écrit, à l'Église qui le lui commande, les premières précisions sur ce qui s'était passé ce 13 juillet 1917 à midi devant le petit chêne.

La Vierge, tout d'abord, avait dirigé le faisceau de lumière jailli de ses mains vers la terre. En touchant le sol ce faisceau l'avait littéralement ouvert, et de leurs yeux horrifiés les enfants avaient pu quelques instants voir l'enfer, plein de flammes, de boues noires et fumantes et de corps suppliciés. Après cette épouvantable vision, la Vierge leur avait dit :

— Vous venez de voir l'enfer. C'est là que vont les âmes des pauvres pécheurs. Pour les sauver, Dieu veut établir dans le monde la dévotion à mon cœur immaculé.

Après cette entrée en matière un peu théologique, la Vierge avait fait des révélations tout à fait surprenantes, semble-t-il.

— Si vous faites ce que je vous dis, la guerre va finir...

mais si on continue d'offenser Dieu, une autre guerre va commencer, pire encore...

S'agit-il là, en 1917, de la prédiction de la guerre de 1939-1945 ? Mais voici la phrase clé, celle sur laquelle aujourd'hui encore se fonde le culte de Fatima et son originalité :

— Si on écoute mes demandes, la Russie se convertira et la paix régnera. Sinon, la Russie continuera à répandre ses erreurs à travers le monde, provoquant des guerres et des persécutions contre l'Église. Les bons seront martyrisés, le Saint-Père aura beaucoup à souffrir, plusieurs nations seront anéanties.

Et la Vierge concluait ainsi :

— Finalement mon cœur immaculé triomphera, le Saint-Père me consacrera la Russie qui se convertira et il sera accordé au monde un temps de paix.

7.

Antonio

Cela se passa peu de temps après cette troisième apparition de la Vierge. C'était le matin, très tôt, et Lucia dormait encore. Une main rude vint la secouer par l'épaule. Elle se réveilla pour voir, à sa grande surprise, son père penché sur elle.

Surprise et crainte.

— Lève-toi, dit-il à voix basse. Nous allons mener les animaux.

Elle se dressa à demi.

— Mais, papa, il faut que j'attende les cousins...

Il semblait comme à son habitude tellement fermé, tellement noueux, comme un arbre, comme du fer.

— Lève-toi, je te dis. C'est moi qui viens avec toi.

Pressentant le pire, Lucia sortit du lit, courbée.

Ils marchèrent dans l'aube glaciale. C'est le plus dur moment, quand tout autour les pierres luisent d'humidité coupante, le pays est comme un rêve métallique.

Au fur et à mesure qu'ils approchaient de la Cova, Lucia imaginait quels reproches son père allait lui faire. Les milliers de spectateurs du 13 juillet avaient achevé de ruiner tout ce qui pouvait rester des cultures aux alentours. Dès qu'il vit ce qui autrefois avait été son champ

— et Dieu sait si déjà cette terre était pauvre, et les parcelles maigres —, Antonio ne put cacher son dégoût.

— Tu vois : tout ce que j'avais semé, on a bien dû perdre vingt boisseaux de maïs. Tout ce qu'on avait.

Il se promenait en hochant la tête, au milieu du saccage, ramassant un plant cassé, une tige arrachée, les rejetant avec un geste d'impuissance. Lucia était au fond du désespoir.

Il se retourna vers le centre de la Cova.

— Et puis alors là, même plus question de faire paître un mouton...

Il avança vers le petit chêne.

Lucia le suivit, machinalement, les bras ballants, au bord des larmes, se pétrissant l'âme de reproches et s'attendant à d'autres coups.

Son père s'était arrêté à quelques mètres du petit chêne. Il restait là, silencieux, la main sur son grand bâton. Puis, comme à son habitude sans regarder Lucia, il désigna du menton l'arbre.

— Alors c'est ici que la Dame apparaît ?

Lucia, faiblement, approuva de la tête.

— Combien de fois doit-elle venir encore ?

— Jusqu'en octobre...

D'un seul mouvement il se retourna vers elle, et la regarda bien dans les yeux.

— Mais les gens qui viennent ici... qu'est-ce qu'ils veulent, qu'est-ce qu'ils font ?

Surprise, gênée et impressionnée par cet homme qui pour la première fois peut-être la scrutait de cette manière, Lucia ne put s'empêcher de trembler et de bafouiller :

— Mais ils viennent dire leur chapelet. Ils veulent que je le dise avec eux...

Sans changer d'expression, toujours aussi tendu, aussi raide, Antonio dit de la même voix :

— Et avec moi, tu veux bien aussi le dire, ton chapelet ?

Lucia n'en crut pas ses oreilles. Elle le dévisageait fixement, n'osant pas le faire répéter. Il l'observait aussi, et elle sentit soudain dans ses yeux quelque chose qui changeait tellement qu'elle en eut un grand frisson, et, éperdue, elle se précipita dans ses bras en criant :

— Oh, mon papa, mon papa...

Antonio, peu habitué à ces effusions, comme tous les hommes de là-bas, ne savait que faire. Alors il retrouva un geste simple, prit sa fille dans ses bras, lui entoura les épaules, ému d'un seul coup lui aussi jusqu'aux larmes alors qu'il la sentait rire et pleurer contre sa poitrine. Au bout d'un moment — si chaleureux, si nouveau, si bon, mon Dieu... — il la repoussa, ôta son bonnet et s'agenouilla, ce qu'il n'avait pas fait depuis très longtemps. Lucia, passant ses mains sur ses yeux, le regardant avec tant d'amour et de gratitude, s'agenouilla à ses côtés et tous deux, tournés vers le petit chêne, dirigèrent leur prière vers ce coin du ciel où s'était ici incarnée la Vierge Marie.

— Merci, Sainte Vierge, merci pour mon papa, dit Lucia avec toute la ferveur dont elle était capable, merci de m'avoir choisie, moi si pauvre et si ignorante, pour vous confier à moi...

Était-ce une illusion ? est-ce moi qui m'imagine cette scène ainsi ? Mais je suis sûr qu'à ce moment-là le silence tout particulier des apparitions devait entourer ces deux êtres merveilleux, perdus dans leur foi, à genoux devant un petit arbre, au milieu des moutons, près de Fatima, au Portugal, en cet été de 1917.

8.

L'administrateur

C'était sans doute la première fois de leur vie que les enfants d'Aljustrel voyaient cela, des cavaliers armés des GNR (gardes nationaux républicains), superbes dans leur uniforme gris, avec leur casque colonial et leur mauser en bandoulière. Il fallait voir le Nono et les autres garnements courir derrière dans la poussière, et quand ils se furent arrêtés devant la maison des Marto, la première du village, toutes les voisines qui rappliquaient comme des bécasses.

Le premier GNR descendit de cheval et traversa la petite cour pour frapper d'un grand coup brutal à la porte.

Manuel jeta un coup d'œil inquiet à Olimpia et alla ouvrir.

Le GNR se figea dans un salut raide et un claquement de talons de ses bottes qu'il aurait pu réserver à un général ou un ministre, tandis que là, avec ces deux pauvres des montagnes, déjà tellement impressionnés... Il tira de sa sacoche un papier officiel, qu'il entreprit laborieusement de lire parce que comme ça ils ne diront pas après qu'ils ne savaient pas, qu'ils n'ont pas compris, ceux-là.

— Vous êtes bien Manuel... — il le regarda, l'autre fit oui de la tête —, et Olimpia Marto ?

Elle aussi fit oui. Il continua à voix haute et intelligible.

— « Mandat de comparution. »

Olimpia blêmit. Qu'est-ce que le sort allait encore leur apporter ? Depuis quelque temps, il s'acharnait.

— « Nous, force publique, requise ce 10 août 1917 par le senhor d'Oliveira Santos, administrateur de Vilanova de Ourem, dont dépend ce village, signifions ici l'ordre de comparution immédiate pour enquête sur trouble de l'ordre public des familles Marto et Dos Santos et de leurs enfants. »

Et il claqua de nouveau des talons, faisant fuir le chat.

Tôt le lendemain matin, lorsque Antonio amena Lucia chez les Marto, ils furent surpris de voir que Jacinta et Francisco étaient encore couchés. Mais Manuel était très déterminé.

— Non, leur dit-il, je ne veux pas que des enfants si petits aillent là-bas. Ils n'ont rien à y faire. C'est à moi de répondre pour eux.

Lucia courut embrasser ses cousins.

— Si on te tue, lui dit Jacinta en l'étreignant, dis-leur que Francisco et moi nous voulons mourir avec toi...

Manuel installa Lucia sur le petit âne. Il tint le licol et Antonio marcha derrière, ce qui se révéla utile, parce que le voyage fut très long à la chaleur du jour et que Lucia s'endormit et faillit tomber à plusieurs reprises. Enfin ils arrivèrent à la grande ville et s'arrêtèrent, pris de respect, presque de terreur, devant l'imposant édifice renfermant l'Ordre et la Loi. Après avoir attendu, comme il se doit, ils furent introduits dans la grande salle du Conseil, où siégeaient, tel un tribunal, l'administrateur et quelques-uns de ses adjoints.

— Et les enfants ? demanda tout de suite l'administrateur, avec une nette nuance de mécontentement dans sa voix.

Manuel continuait à faire preuve de courage. Il s'avança d'un pas.

— Monsieur l'Administrateur, il y a trois lieues d'ici à notre village. Les petits ne peuvent pas faire tout ce chemin à pied...

L'administrateur lui jeta un regard glacé. Puis il fit signe à Lucia.

— Approche, toi.

Elle s'avança d'un pas, se plaçant à la hauteur de son oncle, comme pour se protéger.

L'administrateur se pencha, et dit d'une voix un peu plus basse :

— Dis-moi ce que c'est que ce secret.

Lucia le regarda, puis fixa ses sabots.

L'administrateur attendit. Au bout d'un moment, il murmura comme pour lui-même :

— Ça n'est évidemment pas comme ça que je vais te faire dire quoi que ce soit.

Il tourna les yeux vers Manuel et Antonio et leur demanda :

— Vous autres, à Fatima, vous y croyez, à ces choses-là ?

Manuel soutint son regard, fermement.

— Oui, *Senhor Administrador*, je crois à ce que disent les enfants.

Et tous, à la table du conseil, de rire bruyamment. Sauf l'administrateur. Il se pencha vers Lucia.

— Toi, tu avoueras, tu entends ?

Il pointa vers elle un index qui tremblait de rage.

— Tu avoueras, même s'il faut que je te tue !

Le soir même, Lucia, courant vers sa maison, trouva ses cousins dans le jardin, à genoux devant la margelle du puits, là même où l'ange était apparu. Elle se précipita dans leurs bras.

— Ma Lucia, cria Jacinta en l'embrassant, on croyait que tu étais morte ! Ta sœur, quand elle est venue chercher de l'eau, elle nous a dit qu'on t'avait tuée...

Laquelle avait pu faire une chose aussi cruelle ? Gloria ? Carolina ? Mon Dieu, pensa Lucia, quelle méchanceté !

Mais Jacinta en tirait une conclusion optimiste.

— Tu vois, dit-elle, nous ne devons plus jamais avoir peur. Notre-Dame nous protégera toujours.

Et tous trois s'embrassèrent en pleurant et en riant, pendant que le gros soleil rouge descendait derrière le moulin, remplissant ce jardin magique d'ombres mystérieuses.

Puis vint le grand jour, le 13 août, celui de la quatrième apparition. Dès le matin, très tôt, Aljustrel s'était peuplé, plus encore, comme si c'était possible, qu'en juillet. Une véritable foule, bruyante et surexcitée, s'était concentrée devant la maison des Dos Santos, et lorsque Lucia en sortit, tous se précipitèrent sur elle. « J'étais, écrira-t-elle dans ses mémoires, comme une balle dans un jeu d'enfants. » Ce qui était le plus frappant, et le plus angoissant aussi sans doute, c'était tous ces gens qui l'agrippaient pour lui demander d'une voix douloureuse d'intercéder auprès de la Vierge. « Demande-lui ! Demande-lui ! DEMANDE-LUI ! »

Soudain, elle se sentit tirée par le bras plus violemment. C'était une voisine, qui lui criait :

— On t'appelle chez ton oncle !

Lucia se mit à courir, échappant à la foule. En arrivant près de la maison des Marto, elle s'arrêta net, reprenant son souffle et regardant avec une curiosité aussitôt inquiète une carriole et son cocher qui attendaient devant la maison de ses cousins. Elle s'approcha. Elle n'avait jamais vu une si belle voiture, ni un si beau cheval. Elle entendit des voix fortes, une conversation animée, et entra dans la cour.

Stupéfaite, elle vit l'administrateur en personne sortir de la maison, tenant Jacinta et Francisco par la main. Il avançait vers la carriole, suivi de Manuel, très pâle, et d'Olimpia qui avait l'air au bord des larmes.

— J'emmène les petits dans ma carriole, dit l'administrateur avec un sourire et une voix qui parurent aussitôt un peu forcés à Lucia. Et il ajouta en venant vers elle : Moi aussi je veux assister au miracle, et nous irons tous ensemble !

Manuel essaya de l'arrêter.

— Mais, monsieur l'Administrateur, ils peuvent bien y aller tout seuls !

L'administrateur tenait fermement la main des petits. Il se retourna vers leur père et, d'un ton plus nerveux, lui dit :

— Mais je veux les emmener d'abord chez M. le curé de Fatima, pour leur poser quelques questions.

Il fit monter les deux enfants dans sa carriole, sous les yeux très inquiets des autres.

— Mais vous n'avez qu'à venir, et la grande aussi, dit l'administrateur en les faisant grimper à leur tour.

Et la carriole s'ébranla.

Arrivé devant le presbytère, l'administrateur fit rapidement descendre tout le monde. On sentait qu'il était pressé, mais pourquoi ? Et tout cela, un tel jour...

Très gêné, le curé de Fatima fit entrer les enfants mais ne leur offrit pas de s'asseoir. Debout derrière son bureau, les yeux baissés, il attendait que l'homme du Pouvoir lui fasse des reproches ou l'accuse même d'être responsable de tout ce désordre.

Mais l'administrateur prit un ton enjoué, accommodant.

— Monsieur le Curé...

Trop poli, d'habitude ces hommes-là utilisent des formules plus agressives.

L'administrateur poussa en souriant Lucia vers le curé.

— Tenez, vous ne pourriez pas demander à cette petite quel est son secret ?

Comme s'il s'agissait d'une bonne plaisanterie. Ou d'un jeu.

Très mal à l'aise, le curé se pencha vers Lucia.

— Tu veux lui dire ?

Elle le regarda.

Il détourna les yeux. L'administrateur avait perdu son sourire, et siffla à Lucia, venimeux :

— Tu vas aller en enfer, ma petite, pour avoir dit tous ces mensonges.

Lucia se raidit tout à coup et, de toute sa taille, se tendit vers lui :

— Si vous dites que les menteurs vont en enfer, je n'irai donc pas pour ça.

Elle le fixait droit dans les yeux.

— Parce que je n'ai pas dit de mensonges — elle était vibrante de colère —, j'ai dit seulement ce que j'ai vu, et ce que la Dame m'a dit.

L'administrateur réfléchit un moment. Puis, d'un ton conciliant, mondain, il dit avec un grand geste d'impuissance :

— Eh bien, ce sont des choses surnaturelles, qui ne sont plus de mon ressort.

Il rassembla les enfants et les amena à la porte.

— Allons-nous-en, il est temps d'aller contempler le prodige.

Et ils redescendirent l'escalier, sans être bien rassurés, se demandant si tout allait en rester là.

C'est au pied de l'escalier, juste avant de monter dans la carriole, que Francisco eut le pressentiment qu'il allait se passer quelque chose. Comme dans un jeu, quand on sait que l'autre garçon va bondir et qu'on devine le mouvement qu'il va faire. Il voyait bien que le grand type se plaçait derrière eux, qu'il préparait un mauvais coup. L'homme fit d'abord monter les filles. Francisco se plaça à côté d'elles, en admirant au passage, comme la première fois, le petit escalier de fer peint en noir, très astucieux, et la molesquine rouge des banquettes... ça, c'était une carriole. Une voiture de chef. C'est ainsi que, distrait un instant, Francisco manqua le moment le plus intéressant, lorsque l'administrateur monta prestement dans la carriole et que, sans même un commandement — tout cela devait avoir été combiné —, le cocher fouetta le cheval et partit au galop en laissant Manuel sur place. Stupéfait et angoissé, il vit les enfants disparaître avec l'administrateur au tournant de la place. Eux vécurent tout cela comme dans un rêve éveillé, et se retrouvèrent sur une route inconnue, au galop le plus rapide que pouvait donner le cheval.

— Mais ce n'est pas la direction ! hurla Francisco.

L'administrateur ne lui répondit même pas. D'un geste

tranquille il baissa son chapeau sur ses yeux et se prépara confortablement à un long voyage. Mais quand ils virent apparaître à l'horizon de la montagne la redoutable silhouette du château d'Ourem, les enfants surent où ils allaient.

Ils reconnurent tout de suite la maison de l'administrateur, ferblantier de son état. Ils ne l'avaient jamais vue, mais on en parlait beaucoup dans le pays. C'était une grande villa avec un jardin devant et une remise, encombrés de toutes sortes d'objets métalliques, gouttières, plaques, seaux. L'administrateur les fit aussitôt entrer dans la maison, comme s'il avait peur qu'on puisse les voir. Une fois la porte refermée, il poussa un soupir de soulagement et, sans hâte cette fois, il leur fit gravir un étage — tout était silencieux, la maison paraissait vide — puis passer un long corridor et pénétrer dans une petite pièce où il n'y avait qu'une table et quatre chaises de paille. Il les fit asseoir, puis ressortit en donnant un tour de clé.

Les enfants regardèrent autour d'eux, pour autant qu'ils pouvaient distinguer quelque chose, les volets étant soigneusement fermés, et frissonnèrent devant la nudité et la tristesse de la pièce.

Ils s'installèrent tant bien que mal, la tête dans les mains, les coudes sur la table, pleins d'inquiétude et d'appréhension.

Jacinta se mit à pleurer doucement, sans pouvoir

s'arrêter. Lucia reniflait, elle aussi, et Francisco savait pourquoi elles étaient si abattues :

— L'heure doit être passée maintenant.

Il se mit à pleurer lui aussi, la tête enfouie dans ses bras.

— La Dame doit être si triste... peut-être qu'elle ne viendra plus...

À cette idée les sanglots les prirent, et le temps passa.

Ce qu'ils ne pouvaient savoir, c'est l'extraordinaire situation qui se créait au même moment.

Pendant la préparation du film, notre décoratrice, Fernanda Morais, nous apporta, au milieu de tout l'invraisemblable fatras qu'elle déversait chaque jour dans le bureau, vaisselle, outils, gravures pieuses, bric-à-brac qui allait servir à meubler le film, une vieille revue de l'époque, toute déchirée, dont la couverture manquait, et qui, justement, donnait le point de vue d'un « témoin oculaire » (c'est ainsi que l'article était présenté) sur ce qui s'était passé le 13 août 1917.

Voici ce témoignage :

« De partout accourait une foule innombrable. Chaque route regorgeait de gens, à pied, à cheval, à bicyclette, en voiture et en charrette. On aurait pu croire à l'évacuation d'une métropole.

« Vers midi, la Cova da Iria était noire de monde, vraie fourmilière humaine ; de quinze à vingt mille personnes sont là. Le brouhaha est à son comble. Ce ne sont pas seulement des curieux qui s'interpellent en attendant ; extraordinaire est le nombre des croyants et des dévots qui, entassés autour du chêne sacré, récitent à haute voix le chapelet et chantent des cantiques, pour tromper l'attente sous le soleil de feu.

« Mais les voyants ne sont pas là ! Les montres marquent midi ; la multitude s'agite, remue, frémit... Tout à coup, un bruit circule, passe de bouche en bouche : "On vient de les arrêter !" L'impatience se mue aussitôt en indignation ; on entend des cris de protestation ; de plusieurs côtés on parle de se rendre chez l'administrateur. [...]

« ... Quand soudain on entend le bruit sourd d'un tonnerre. Comme par enchantement la multitude se tait ; la vallée se fait silencieuse, la marée de têtes se tourne vers le ciel, les yeux se portent vers le chêne. Voici la lueur de l'éclair, suivie bientôt de l'apparition d'une blanche nuée lumineuse...

« Éclate alors un hurlement énorme, irrésistible :

« — Sainte Vierge ! Sainte Vierge !

« Puis, de nouveau, c'est le silence, et des larmes brillent dans des milliers d'yeux étonnés... quelques instants encore et la nuée disparaît. Aucun autre signe : c'est fini. Mais tous ont "vu" et tous sont persuadés que la Sainte Vierge n'a pas manqué au rendez-vous ! »

La porte s'ouvrit et l'administrateur entra. Il tenait dans sa main une lampe à pétrole, et quand il la posa sur la table les enfants, qui étaient dans le noir depuis des heures, furent éblouis. L'administrateur affichait un bon sourire, et il s'assit à califourchon sur la chaise restée vide.

— Alors, dit-il, jovial, aux enfants.

C'est à peine s'ils levèrent les yeux. Leurs yeux tristes.

— Bon, dit l'administrateur en forçant son sourire, maintenant je vais vous montrer que je peux être vraiment très gentil.

Même en appuyant sur chaque mot, il n'obtenait aucune réaction des enfants.

— Alors... alors... alors...

Et hop, prestement, il fit surgir une grosse pièce d'or de son gousset.

Là, même dans leur état de grand abattement, les enfants ne purent s'empêcher de regarder avec stupéfaction cet or qu'ils n'avaient jamais vu.

— Ah, ah, dit l'administrateur, je parie que vous n'avez jamais vu ça, hein !

Il fit tourner la pièce près du verre de lampe, et l'or,

au reflet de la flamme, lança des éclairs dans les yeux des enfants.

— Vous vous rendez compte de ce que ça représente ? poursuivit à voix plus basse l'administrateur.

Puis il ajouta, franchement ignoble :

— Vos parents ne gagnent pas ça dans toute l'année...

Et d'un seul coup, comme s'il portait l'estocade, il mit la pièce sous le nez de Lucia, à quelques centimètres de ses yeux.

— Tu me racontes tout, cette pièce est à toi.

Lucia regardait la pièce, sentant les larmes lui monter aux yeux.

— Réfléchis bien, dit doucement l'administrateur.

Mais Lucia n'avait nul besoin de réfléchir. Elle avait besoin de mordre.

— Monsieur — elle en bredouillait, tellement elle avait envie de lui cracher les mots à la figure —, monsieur, la Dame elle nous a commandé de ne pas le dire, ce secret, à personne, mais moi je peux aller là-haut lui demander la permission de vous le dire, si vous voulez !

Puis le silence, tranchant.

L'administrateur la contempla un instant. Son sourire avait disparu. D'un geste sec, il referma le poing sur la pièce, se saisit de la lampe et quitta la salle, laissant les enfants dans le noir après avoir verrouillé la porte.

Au bout d'un moment, ils plongèrent leur tête dans leurs bras, et là, comme ça, assis à cette table, dans le noir, ils s'endormirent.

Au petit matin, la porte s'ouvrit de nouveau, et entra doucement, sans les réveiller, une bonne grosse dame qui portait un plateau. Elle posa le plateau sur la table et alla ouvrir les volets. Les enfants se redressèrent et se frottèrent les yeux, avant de s'apercevoir avec émotion qu'il y avait devant eux des bols de lait chaud et des tartines. Mais ils n'osèrent pas y toucher. La bonne dame s'approcha et leur dit à voix plutôt basse, et d'une manière un peu précipitée, comme si elle était pressée :

— Je suis la femme de M. l'administrateur...

Ce qui mit immédiatement les enfants sur leurs gardes. Elle s'en aperçut, tristement.

— Moi, je n'ai pas voulu vous laisser mourir de faim.

Elle se pencha sur eux.

— Agir comme ça avec des enfants...

Elle leur fit signe de prendre les bols. Comme ils ne bougeaient toujours pas, elle hocha la tête.

— Allons, ne faites pas de manières.

Elle secoua la tête une autre fois et sortit un mouchoir de sa manche, pour essuyer le visage de Jacinta, qui avait beaucoup pleuré.

— Regarde-moi ça, mon petit lièvre, dans quel état tu es.

Les enfants se précipitèrent sur la nourriture, engloutissant le lait et dévorant les tartines.

Elle les regarda avec attendrissement. Soudain, son sourire se teinta d'inquiétude. Elle venait d'entendre du bruit. Des pas, très en dessous, sans doute deux ou trois étages plus bas.

À contrecœur, elle rassembla tout sur le plateau et s'éclipsa.

Quelques minutes plus tard, un garde entrait, qui faisait aussitôt sortir les enfants de la maison.

Ils se retrouvèrent sur la place, surpris par le grand air, le soleil déjà très vif et le bruit. Des passants, des badauds commencèrent à s'attrouper et à montrer le poing au garde. Celui-ci, très vite, escamota les enfants pour les faire entrer par une petite porte de l'hôtel de ville.

Puis il les amena directement à la salle du Conseil où Lucia était déjà venue avec son père et Manuel Marto quelques jours plus tôt. Elle reconnut d'ailleurs tout de suite les adjoints de l'administrateur, comme s'ils n'avaient pas bougé, disposés au même endroit autour de la grande table, avec au centre le persécuteur en chef.

— Aujourd'hui, je ne vais pas être aussi gentil avec vous, commença-t-il.

Le garde poussa les enfants au milieu de la pièce.

— Je ne peux pas vous laisser repartir sans que vous m'ayez dit tout ce que je veux savoir, continua l'administrateur.

Il fixa longuement Francisco.

— Il faut me le dire, ce secret.

Francisco soutint le regard sans broncher.

D'un seul coup l'administrateur perdit son sang-froid. Il se leva et donna un violent coup de poing sur la table, ce qui fit reculer les enfants.

— Si vous ne parlez pas, je vous fais enfermer ! hurla-t-il.

Comme il n'obtenait pas plus de résultats, il se rassit, réfléchit un instant puis, d'une voix lente et basse qui fit beaucoup plus peur aux enfants, il dit simplement :

— Mettez-les en prison.

On les conduisit dans une cellule où se trouvaient déjà d'autres détenus. Jacinta était blanche de terreur, incapable du moindre mouvement, incapable même, lui sembla-t-il, de respirer. Puis elle se mit à dire tout bas, en même temps que montaient en elle des tremblements :

— J'ai peur, j'ai peur...

En face d'elle, couchés sur des bat-flanc, une demi-douzaine d'individus inquiétants regardaient les enfants.

— On va mourir ici, dit plaintivement Jacinta.

Elle éclata en sanglots. Lucia entendit alors distinctement, venant des autres détenus, une voix qui disait :

— Pauvre petite...

Cela lui redonna un peu de confiance.

Francisco prit sa sœur par l'épaule, dans un geste protecteur. Il la rassura doucement :

— Pleure pas, il ne faut pas pleurer...

— Mais j'ai peur qu'on ne revoie plus jamais papa et maman...

— Écoute, lui dit tout bas Francisco, tu sais qu'on doit faire des sacrifices... alors, ça, tu crois pas que c'est un sacrifice ? Et puis, ça serait bien pire si la Sainte

Vierge ne revenait pas, non ? Alors... si tu veux on va lui offrir ça comme un grand sacrifice...

Jacinta à ces mots cessa de pleurer, puis, avec un sourire comme transfiguré, s'avança vers les détenus.

Elle s'approcha du plus patibulaire, une espèce d'énorme brute au visage couturé de cicatrices.

Elle le regarda bien dans les yeux.

— Tu peux m'aider ?

L'autre la dévisageait sans comprendre.

Dans un geste gracieux, elle porta ses mains vers sa nuque et entreprit de défaire sa petite chaîne dorée. Puis elle la tendit à l'homme, qui regarda d'un air d'incompréhension la chaîne avec sa médaille de la Vierge.

Il la tournait dans ses grosses pattes sales, interrogeait les autres du regard, n'osait pas poser les yeux sur la petite fille.

Parce qu'à ce moment précis quelque chose d'indicible venait de s'établir dans cette pièce sordide, comme une note tenue, lointaine et simple, un accord si beau et si fragile qu'on aurait voulu le voir se figer dans une éternité de grâce. La sainteté.

Jacinta désigna les barreaux de fer du vasistas audessus d'eux.

— Tu peux l'accrocher là ? Tous les soirs je fais ma prière comme ça...

Le cœur étrangement noué, l'homme installa du mieux qu'il put, avec des gestes gauches et tendres, la petite chaîne à la croisée.

Jacinta s'était mise à genoux.

L'un après l'autre, les « redoutables bandits » en firent autant, et l'un d'eux, qui avait gardé son bonnet sur la tête, fut même grondé par Francisco.

— Quand on veut prier, on se découvre, dit le petit, et l'homme obéit.

— Je Vous salue Marie pleine de grâces, le Seigneur est avec Vous, commença Jacinta.

— Vous êtes bénie entre toutes les femmes, dirent tout bas les détenus.

— Et Jésus, le fruit de Vos entrailles, est béni, continuèrent les enfants.

C'est peut-être pour cet instant, plus que tout autre, qu'ils seront béatifiés un jour.

9.

Cécile

Nous sommes là tous, à pleurer, dans le décor où il pleut malgré les grandes bâches de plastique tendues par les machinos au-dessus de toutes les ouvertures. Mais rien n'y fait et un courant d'air sournois et cruel ajoute à l'atmosphère glaciale que les projecteurs n'arrivent pas à réchauffer. Est-ce le froid ? l'extrême tension de tout ce tournage ? Mais là, devant Cécile agenouillée, priant de tout son cœur, de toute son âme, ça n'est plus du cinéma, c'est une incarnation, Jacinta est là, dans la prison infâme où la méchanceté des hommes l'avait jetée en 1917.

Jacinta c'est Cécile et Cécile c'est Jacinta. Ici pendant ce tournage et sur la pellicule en petits cadres de couleurs et dans les cinémas et pour les siècles à venir. Je ne sais pas si une telle rencontre s'est déjà produite, à ce point-là. Si, bien sûr, il y a eu la petite Brigitte Fossey de *Jeux interdits* auquel ce film peut ressembler, parce que c'est d'abord un film sur l'enfance, avant d'être la chronique d'une apparition. Il y en a eu beaucoup, des petits enfants dans de grands rôles. Mais là, tout a été tellement étrange. Nous avions entrepris en préparant le tournage toute une série d'essais en vidéo, cela se fait pour tous les castings, comme on dit, mais ici ils avaient été plus poussés, comme à chaque fois que l'on emploie des non-professionnels, et surtout des enfants. D'ailleurs, qu'est-ce qu'un professionnel, à sept ans ? La plupart des rôles furent assez vite distribués, parce que la seule présence de ces êtres profondément justes et simples coïncidait idéalement aux personnages, mais pour la Vierge et Jacinta nous comprîmes très vite que ce serait difficile. Une bonne centaine d'essais furent nécessaires pour arriver à trouver le visage de porcelaine, les yeux infiniment doux et la voix à la fois métallique et prenante de ce qui est une extraordinaire *idée*, une représentation de l'art et de la foi. Pour Jacinta, ce fut en somme l'inverse ; au bout de trois ou quatre essais nous étions découragés. Comment faire ? A sept ans les petites filles rougissent d'un rien et bafouillent de tout ; comment leur faire apprendre un tel texte, prendre de telles attitudes, exprimer toute la foi et la folie d'un tel rôle ? Jusqu'au jour où Cécile a dit : « Pourquoi pas moi ? » Mais non, cela n'était même pas envisageable. Et pourtant Cécile, la petite Française, va apprendre en deux mois le portugais et son dialogue, en portugais... Son père, effrayé de la tournure de la situation, guère favorable à l'idée, se refusait en tout cas à ce qu'on parle devant lui d'enfant surdouée. Mais que notre cher producteur se rassure. Sa fille n'est pas surdouée, elle est hyperdouée. Il fallait la voir, là, volant tout, le rôle, le film, raflant l'attention, anéantissant les autres personnages.

Tout cela n'allait pas sans frictions. Les autres enfants, eux aussi des surdoués, des comédiens ahurissants de naturel, finirent par lui envoyer des petits coups de pied sournois, luttant férocement pour le créneau, pour bien se placer devant la caméra, chacun bousculant l'autre dans la tradition des pires cabots de la scène.

Charlie Gaëta, le directeur de la photographie, s'activait sans relâche. Il le fallait car notre plan de travail était très serré. Je dis souvent de lui qu'il est le plus rapide et le meilleur chef opérateur du monde, ce qui est peut-être exagéré, mais c'est pour moi en tout cas le meilleur de France, et le plus gentil, une gentillesse inépuisable, inattaquable, dans les pires circonstances, où moi j'explose. Je lui devais bien ces quelques lignes, et je devrais en faire autant pour tous les techniciens de ce film, surtout les adorables et si professionnels Portugais, voilà, c'est fait. C'est d'ailleurs un phénomène très étonnant, ce cinéma portugais peuplé de techniciens de haut niveau, francophones, travaillant la plupart du temps pour des producteurs français, comme si Lisbonne était une banlieue de Paris, une très belle banlieue.

Jacinta pleurait. La cellule s'était en quelque sorte organisée autour d'elle. Les prisonniers entouraient les enfants assis à leurs pieds, et tous regardaient tristement la petite qui n'arrêtait plus, fondant littéralement en grands sanglots.

— Allons, allons, petite fille..., dit un jeune type un peu gras, pas très rasé ni très rassurant.

Il lui mit la main sur l'épaule.

— Je peux pas m'empêcher de pleurer, dit Jacinta entre deux hoquets, je pense à maman...

Le prisonnier sortit un harmonica de sa chemise et se mit à jouer un air de fado.

— Tu sais danser ? demanda à Jacinta le gros homme auquel Francisco avait fait enlever son bonnet tout à l'heure.

— Oh oui, soupira Jacinta, comme s'il s'agissait de l'évocation d'un très lointain passé.

— Eh bien, viens danser avec moi, dit l'homme qui souleva Jacinta comme une plume et l'entraîna dans une farandole tellement rapide que les cris et les rires de la petite fille remplacèrent les pleurs. Et tout le monde de battre des mains et de chanter, jusqu'à ce que la porte s'ouvre brutalement et qu'un garde fasse sortir les enfants sans ménagements.

Ils descendirent vers de noires caves suintantes, parcoururent un long couloir voûté plein d'ombres et de maléfices, et se retrouvèrent dans une salle d'épouvante, cave de tortures seulement éclairée par la lueur fumeuse de la lampe que le garde avait posée sur un vieux tonneau. Ils attendirent là un bon moment, transis de froid et muets d'angoisse, jusqu'à ce qu'une lourde porte s'ouvre en grinçant sur ses gonds rouillés et qu'apparaisse, droit, raide et menaçant, l'administrateur.

— Ah, vous ne voulez pas obéir !

Il s'approcha d'eux, l'index pointé, la voix blanche.

— Ah, vous ne voulez pas parler !

Son index alla de l'un à l'autre.

— Je vais vous faire brûler chacun à votre tour dans de l'huile bouillante.

Il hurla :

— Je vais vous faire frire !

Stupéfiés par l'énormité de la menace, les enfants restèrent bouche bée, sauf Francisco qui montrait là encore d'étonnants réflexes :

— Si on nous tue, dit-il effrontément à l'administrateur, nous irons au ciel avec Notre-Dame.

Hors de lui, l'homme agrippa Jacinta et l'entraîna vers la porte. Elle se débattit, cria, ce qui, bizarrement, n'affola pas Francisco.

— Je vais réciter un *ave* pour elle, dit-il calmement à Lucia au bord de l'évanouissement.

Mais déjà la porte s'était rouverte et l'administrateur, en une enjambée, s'était saisi de Francisco en criant :

— La petite est frite, au tour du deuxième, sauf si tu parles !

Il jeta un dernier regard à Lucia qui enfouit son visage dans ses mains. Elle entendit la porte se refermer.

Après un temps qui lui parut désespérément long, la

porte grinça de nouveau. Elle s'attendit à être entraînée elle aussi, elle se contracta de terreur, mais rien ne se passa.

Alors, au bout d'un moment, elle écarta lentement les mains de son visage et osa regarder... Quelle horreur allait-elle découvrir ?

La porte était ouverte, le couloir derrière, elle attendit un peu puis s'enhardit, alla vers la porte et vit ses cousins appuyés contre le mur, stupéfaits eux aussi. Sans réfléchir ni rien analyser de la situation ils se précipitèrent dans les bras les uns des autres en s'embrassant, s'étreignant, en riant et pleurant tout à la fois.

Soudain ils virent l'ombre terrible de leur tourmenteur s'approcher sur la pierre luisante. La peur revint aussitôt, mais il fit un geste d'apaisement.

— Allons, allons, vous n'avez plus rien à craindre. Je vous ramène à la maison.

Et il les entraîna, sans voir, ou vouloir remarquer, le sourire de victoire que les enfants échangeaient.

Le ferblantier ramena les enfants dans une atmosphère proche de l'émeute. Sur la place de l'église à Fatima, une dizaine de jeunes gens armés de manches de pioche voulaient lui faire un mauvais parti, situation nouvelle et inquiétante dont il lui faudrait désormais tenir compte. D'où la relative tranquillité avec laquelle toute l'histoire allait se développer ensuite.

Maria-Rosa n'avait pas changé d'attitude pendant tous ces événements dramatiques ; à une voisine qui les lui racontait avec une légitime inquiétude, elle aurait lancé un méprisant « C'est bien fait » à l'encontre de sa fille. Mais elle aurait aussi ajouté cette petite phrase qui tout de même laissait pour la première fois planer un doute sur son irrémédiable hostilité : « Si elle a menti, elle n'a que ce qu'elle mérite. Si elle a dit vrai, alors la Vierge la défendra. »

Quant à Olimpia, que tout cela avait beaucoup remué, elle commença par mettre sa petite fille au lit avec interdiction d'en sortir. Pour accompagner Francisco au pâturage, elle envoya l'un de ses autres fils, João, un grand gamin d'une douzaine d'années.

Par parenthèse, il se trouve que, comme la plupart

des touristes ou pèlerins de Fatima, j'ai rencontré ce João qui vit toujours, bon pied bon œil, et remplit depuis de longues années les fonctions de gardien de la maison des Marto, transformée en musée.

Sa qualité de témoin historique de première grandeur ne le trouble guère. Il contemple placidement la foule qui se presse dans les petites pièces où vécurent Jacinta et Francisco, et ne m'a donné que quelques renseignements avant de retourner s'enfoncer dans le grand âge.

Il était pourtant là, le dimanche 19 août, avec Lucia et Francisco, dans un autre endroit de pâturage, resté intact celui-là, les Valinhos. Et il s'est produit une apparition. Mais il n'a rien vu, João. Il est passé tranquillement à côté de l'Histoire, sorte d'anti-témoin imperméable aux événements, comme la plupart des gens. C'est mieux pour eux, souvent, si c'est moins bien pour nous, les interviewers avides. D'autant que ce sont en général ceux-là qui survivent le plus longtemps. On vient les regarder, les toucher, reliques vivantes. Ils entendent toute la journée chuchoter autour d'eux : « Tu te rends compte, il a connu Untel. » Lui, João, il avait vécu, il avait parlé avec Jacinta... c'était tout. Ce dimanche-là il jouait avec Francisco, qui aurait pu devenir un très vieux monsieur comme lui, au lieu d'être depuis soixante-quinze ans un regret, une petite ombre énigmatique sous une dalle de marbre dans la basilique de Fatima. Vers midi il y avait eu un grand éclair, et Lucia s'était précipitée sur lui, le João, et lui avait dit : « Vite, vite, cours chercher Jacinta, dis-lui que la Dame arrive, qu'elle vienne tout de suite... »

Et la Dame vint, pour que les enfants sachent que le lien n'était pas rompu et que le Sacré irait jusqu'au bout de sa révélation. Elle vint aussi rappeler aux humains, par l'entremise des trois enfants, que la prière, c'est la clé, la toute petite clé qui ouvre à l'intérieur une toute petite porte, et nous permet d'entrer dans un autre monde, chaud et rassurant.

— Priez, priez beaucoup, leur dit la Vierge avant de s'en aller, et faites des sacrifices pour les pécheurs. Sachez que beaucoup d'âmes vont en enfer parce qu'il n'y a personne qui se sacrifie et prie pour elles !

Ensuite les enfants restèrent en prière un bon moment, puis ils se levèrent comme après un beau rêve, quand les mouvements sont engourdis, ralentis, qu'on cherche à rester encore un peu dans la douceur, et ils s'avancèrent lentement vers l'arbre au-dessus duquel venait d'apparaître la Vierge dans son manteau d'or et de lumière. Francisco sortit son petit canif et il coupa le dernier rameau de ce chêne naissant. Puis il le tint d'une main, Jacinta posa sa main à côté, et ils redescendirent ainsi, comme dans un rite poétique réservé à leur seule adoration, vers le village, suivis des yeux, autant qu'elle le put, par Lucia restée auprès de ses moutons.

Pourquoi ont-ils fait ça, les deux petits enfants d'Aljustrel ? Par quel irrépressible signe étaient-ils guidés ? Ils avançaient, voilà tout, simplement, sans se poser la moindre question, tenant ensemble le rameau comme s'ils étaient en Galilée dix-neuf siècles plus tôt, ils avançaient vers le village, vers les premières maisons du village, vers Maria-Rosa qui était là, qui *devait* être là.

Elle était assise sur la première marche, adossée à la porte, profitant du bref répit de midi, se réchauffant au lourd soleil, avec cet air absent et triste qu'elle avait si souvent maintenant.

Elle vit les enfants arriver, étrange cortège, mais comme tout ce qui venait d'eux était toujours étrange, il n'y avait qu'à soupirer et attendre, ce qu'elle fit.

Mais Jacinta se dirigea vers elle, et les deux enfants s'arrêtèrent à son côté, tenant toujours le rameau, chacun d'une main.

— Tante, cria Jacinta, très excitée, nous venons de voir Notre-Dame encore une fois.

Maria-Rosa la regarda avec commisération. Même pas colère, elle était fatiguée. Elle en avait assez de tout ça.

— Ça vous a pas suffi, tout ce qui s'est passé avec l'administrateur ? Vous continuez à mentir ?

— Mais, si, insista Jacinta, si si, on l'a vue... regarde, tu vois ce rameau, il a deux branches, regarde, elle avait un pied là, et l'autre là...

Et elle tendit le rameau à Maria-Rosa.

Maria-Rosa le prit dans sa main, et fut immédiatement saisie, comme si tout en elle était subjugué par une émotion si forte qu'elle en eut un terrible frisson, dans tout le dos, et un vertige. C'était le parfum, inconnu, si simple, si délicieux, si proche et si lointain... Elle pensa défaillir de bonheur. Puis la réalité revint, elle rendit le rameau aux enfants, et les vit partir vers leur maison avec un regard changé.

Elle resta ensuite un bon moment assise sur sa marche, incapable de mettre de l'ordre dans son esprit, comme enfouie dans une sorte de lourdeur... jusqu'à ce qu'elle s'aperçoive que Manuel était là, avec ses outils sur l'épaule, prêt à repartir pour le champ.

— Alors, lui dit-il, ils ont encore raconté des histoires ?

— Je ne sais pas, s'entendit-elle répondre, je ne sais pas ce qui est vrai, et si on peut prouver que c'est faux... mais je crois qu'il ne faut plus nous moquer d'eux.

Son fils la regardait, incrédule.

— Oui, oui, poursuivit Maria-Rosa, et puis je crois qu'il y a des saints, et puis il y a peut-être encore plus, dans tout cela.

Et elle se leva, pour aller travailler, moins voûtée que d'habitude.

Il faisait toujours très chaud. Ils étaient là, sur le chemin du pâturage, abattus de lourdeur, mais continuant inlassablement leur discours, le cheminement des mots de l'apparition.

C'était chaque fois maintenant l'idée que des âmes pouvaient aller en enfer à cause d'eux, en somme. Parce qu'ils n'auraient pas assez prié, pas assez fait de sacrifices.

Quelques mois plus tôt ils avaient imaginé de donner leur nourriture aux moutons, ensuite ils avaient vécu comme un grand sacrifice le drame de la persécution, ils ressentaient désormais fortement en eux-mêmes le besoin d'aller plus loin.

Le premier acte de ce qui allait rapidement devenir une tragédie commença justement ce jour de canicule, où la soif se fit si terrible qu'ils entrèrent dans une ferme demander de l'eau, ce qu'on leur donna bien volontiers. Mais à peine eut-elle la carafe entre les mains, là, dans cette cour de ferme, au milieu de ses moutons, que Lucia la contempla comme une sorte d'objet étranger. Elle la passa à Francisco qui secoua la tête.

— Non, je n'en veux pas, dit-il, la bouche sèche.

— Pourquoi ? Bois, je t'en prie...

— Je veux souffrir pour la conversion des pécheurs.

— Et toi, Jacinta ? dit Lucia en lui présentant la carafe.

Jacinta ne répondit pas, ne regarda même pas cette eau tant désirée, que Lucia répandit doucement sur le sol, entre deux pierres, pour les brebis. Puis ils continuèrent leur chemin, pesamment.

Ils firent halte sous un grand figuier. Il y avait de l'ombre, au moins.

— J'ai tellement soif, tellement soif..., dit plaintivement Francisco. Puis il ajouta doucement : Je souffre pour la conversion des pécheurs...

— Moi j'ai mal, j'ai mal à la tête, dit Jacinta.

Elle enfouit son visage dans la jupe de Lucia, puis mit ses mains sur ses oreilles.

— Oh ! Lucia... je n'en peux plus... j'ai si mal à la tête... dis aux grillons d'arrêter de faire tout ce bruit.

Lucia lui caressa les cheveux.

— Tu ne veux pas souffrir ça toi aussi pour les pécheurs ?

— Tu as raison, répondit faiblement Jacinta, tu as raison... laisse-les chanter.

Puis ils reprirent leur marche.

Était-ce ce jour-là ou un autre ? Ils se ressemblaient tous maintenant, chaleur, soif, faim...

Lucia était devant, les deux petits avaient de plus en plus de peine à suivre.

Machinalement, sans trop s'y intéresser, Lucia ramassa sur le bord du chemin une grosse corde, sans doute un licol tombé d'un âne.

Elle en entoura une partie à son poignet, et continua, jusqu'à ce qu'elle s'arrête soudain :

— Jacinta ! Francisco !

Les deux autres la rejoignirent, péniblement.

Elle défit la corde et leur montra son poignet, marqué d'une profonde trace rouge.

— Vous voyez, ça fait mal...

Jacinta frissonnait de froid, sous le soleil.

— On pourrait, continua Lucia, se l'attacher comme ça (elle montra sa taille), et ce serait un sacrifice pour le bon Dieu...

Francisco, soudain porté par l'idée, s'empara de la corde et entreprit de la couper en trois, avec l'aide d'une pierre tranchante. Il y parvint au bout d'un long effort après avoir martelé le chanvre et transpiré à grosses gouttes. Épuisé, il tendit aux deux fillettes leur morceau de corde. Et chacune se l'entoura à même la peau, pour que ça fasse bien mal. Ils portèrent ce cilice longtemps, jour et nuit, dans cette dérive atroce où la raison petit à petit semble se dissoudre dans une brume douloureuse.

Un matin, sur le chemin du pâturage, Lucia eut un sursaut de lucidité. Voyant la malheureuse Jacinta, vieillie, voûtée, creusée par les larmes et les privations — et la tristesse de voir chaque jour sa mère s'épouvanter de sa déchéance —, elle l'attrapa par le bras :

— Arrête, Jacinta, arrête ! Enlève cette corde !

Mais Jacinta se libéra de son étreinte et se mit à courir en criant :

— Non ! Non ! Je veux offrir ce sacrifice pour les pécheurs !

Et tout à coup elle s'arrêta, frappée par quelque chose qu'elle avait vu, ou une idée... Elle alla au bord du chemin, se pencha et sous les yeux absolument horrifiés de Lucia et de Francisco elle entreprit de cueillir des orties à pleines mains. Puis elle releva sa jupe pour bien découvrir ses mollets et se frappa avec les orties, avec toute la violence dont elle était capable, en hurlant :

— Ça fait mal ! ça fait mal ! ça fait mal !

Et les deux autres, bouleversés, virent naître, sur son visage tordu par la souffrance et les larmes, un terrible sourire.

Une tête semblait avancer toute seule au ras des haies. C'était un malheureux infirme dans un fauteuil roulant en osier, aux roues pleines. Il y avait, ce jour-là, pour la première fois, des infirmes, des malades, et toute cette foule implorait les trois enfants à mesure qu'ils approchaient de la Cova. On était le 13 septembre 1917, pour la cinquième apparition.

— Pour l'amour de Dieu... ! Demandez à Notre-Dame !... qu'elle guérisse mon fils... qu'elle guérisse...

Et les enfants entendaient, mille fois répétés, les mêmes cris de prière :

— Qu'elle me ramène de la guerre mon fils... mon mari...

Et soudain une immense clameur.

Les enfants, parvenus avec peine au pied du petit chêne, se retournèrent, et virent : tout était devenu jaune d'or, et dans le lointain, par-delà les arbres, on voyait s'élever une sorte d'ovale lumineux, comme un globe translucide qui glissait majestueusement dans le ciel, d'est en ouest pour aller se poser au-dessus du petit chêne. Cela, des milliers de gens le virent en même temps, puis disparaître, cependant qu'au-dessus de l'arbre sacré montait lentement une fumée blanche, drapée dans l'air.

Tous étaient à genoux, désormais.

Lucia voyait la Vierge de nouveau. Elle baissa la tête, et, d'une voix vibrante, dit la phrase rituelle :

— Que voulez-vous de moi ?

— Je veux, dit la Vierge, que tu continues à prier Notre-Dame du Rosaire pour qu'elle apaise la guerre.

Son regard se porta vers le ciel, et, d'une voix plus forte, elle continua :

— Quand je viendrai pour la dernière fois, il y aura aussi saint Joseph avec l'Enfant Jésus, pour donner la paix au monde.

La foule vit une nouvelle fumée blanche.

— Et Notre-Seigneur apparaîtra aussi pour donner sa bénédiction.

Après un court silence, elle parut se pencher vers les enfants et, d'une voix plus douce, leur dit :

— Dieu est satisfait de vos sacrifices. Mais il ne faut pas que vous dormiez avec la corde. Portez-la seulement pendant le jour.

Lucia avait reçu tellement de demandes qu'elle se décida à en transmettre quelques-unes.

— Il y a ici une petite fille qui est sourde et muette. Vous ne voulez pas la guérir ?

— Avant un an elle ira mieux, répondit la Dame.

— Vous savez, dit Lucia comme en s'excusant, j'en ai beaucoup d'autres, des prières pour les malades...

— J'en guérirai certains, mais pas les autres, ceux en qui le Seigneur n'a pas confiance.

Et une nouvelle fumée s'éleva.

Lucia voulait se débarrasser de toutes ses tâches, même les plus improbables.

— S'il vous plaît... j'ai ici deux lettres qu'une dame de la paroisse d'Olival m'a chargée de vous remettre.

La Vierge ne répondant pas, Lucia hésita puis remit les lettres dans sa poche.

Elle fit une dernière tentative :

— C'est-à-dire… qu'elle m'a demandé aussi de vous offrir ce beau flacon de parfum…

Qu'elle tendit à l'apparition.

— Non, dit la Dame avec ce qui parut à Lucia être de l'attendrissement, ça n'est pas utile, au Ciel…

Et elle s'éleva dans les airs, en s'effaçant peu à peu. La foule, elle, vit le globe de lumière monter au firmament et se fondre dans le soleil. Puis une pluie de pétales blancs, semblables, dit un témoin, « à des flocons de neige ronds et brillants qui descendaient doucement vers le sol dans un formidable jet de lumière surnaturelle », se mit à tomber lentement, lentement, sur la foule, d'abord muette d'admiration devant une telle beauté, puis comme saisie d'un vaste et fébrile mouvement pour les attraper, mais ça n'était pas possible. Impalpables, glissant et se reformant dans les doigts, les pétales de roses imaginaires donnèrent un bref instant aux hommes la notion de ce qu'est peut-être le paradis.

Les enfants vécurent la fin de l'été comme une sorte de tourbillon qu'ils eurent beaucoup de peine à suivre tant était profonde leur fatigue due aux privations de toutes sortes qu'ils continuaient à s'infliger. Les visites incessantes de curieux, de pèlerins, auxquels se mêlaient déjà quelques hommes d'Église venus discrètement enquêter, le poids de la célébrité, en somme, culmina par l'arrivée d'un *photographe*. C'était tout à fait extraordinaire à l'époque et dans ces montagnes, bien plus qu'une équipe de télévision aujourd'hui. Une foule considérable s'amassa devant la maison des Dos Santos et garda un grand silence impressionné lorsque l'artiste reporter sortit un bras de son voile noir, fit le signe fatidique et immortalisa les trois visages, seul témoignage resté de leurs regards butés, comme pris au piège, et que vous voyez sur la couverture de ce livre.

Lucia surtout vivait mal l'approche du 13 octobre. Elle avait rapporté les paroles de la Vierge qui avait promis un miracle et la foule de plus en plus surexcitée défilait chaque jour sous ses fenêtres en réclamant ce miracle avec une sorte d'avidité, de férocité qui lui faisait froid dans le dos.

C'est pourquoi, la veille du grand jour, Maria-Rosa était venue réveiller sa fille, comme l'avait fait son mari quelque temps plus tôt, mais cette fois avec une tendresse qui montrait bien qu'un profond changement s'était opéré en elle.

— Ma toute petite, dit doucement Maria-Rosa en caressant les cheveux de sa fille, geste tellement inhabituel qu'il fit fondre Lucia de tendresse.

Mais elle sentait aussi à la voix toute l'inquiétude de sa mère.

— Si ça continue, nous allons mourir demain à la Cova..., dit Maria-Rosa.

Elle tendit l'oreille, le bruissement de la foule montait vers la croisée comme une marée houleuse.

— Si la Sainte Vierge ne fait pas le miracle, ils vont nous massacrer.

Elle regarda Lucia avec intensité.

— Il faut qu'on aille se confesser.

Et sa fille lui répondit. Jusqu'à la fin de ses jours Maria-Rosa se rappela cette réponse, le visage, les yeux, la force de détermination qui littéralement transportait la petite qui s'était dressée sur sa couche, lui avait pris les mains et lui avait dit ces mots comme des éclairs de foi :

— Si tu veux aller te confesser, j'irai avec toi. Mais je n'ai pas peur de mourir demain.

Elle regardait sa mère au plus profond des yeux, avec soudain un infini sourire :

— Parce que je suis sûre que Notre-Dame fera ce qu'elle a dit.

D'après ce qu'avait donc révélé Lucia plusieurs mois plus tôt, la Vierge viendrait le samedi 13 octobre et elle ferait un grand miracle. Cette nouvelle s'était propagée dans tout le Portugal et depuis le début de la semaine les routes menant à la montagne étaient devenues des chemins d'exode. Dès le commencement de cette affaire, on avait pu assister à la formation spontanée d'un pèlerinage. Chaque apparition engendre le même phénomène d'attraction, mais il peut rester limité à une sorte d'adoration confidentielle ; la venue de la Vierge à une centaine de kilomètres au nord de Fatima, au début des années 70, à Ladeira do Pinheiro, est restée très ignorée, comme des dizaines d'autres manifestations surnaturelles dans le monde qui ne connaîtront jamais l'extraordinaire destin de Lourdes ou de Fatima. Ici la régularité prédite des apparitions, sur six mois, et cette chronique du miracle annoncé devaient nécessairement amener de vastes déplacements de foule et établir durablement un grand pèlerinage. Celui du samedi 13 octobre 1917 est donc le premier véritable rassemblement de Fatima, tel qu'on peut les voir aujourd'hui, surtout les 13 mai et les 13 octobre.

Il pleuvait. Il pleuvait tristement, longuement, froidement, comme il peut pleuvoir là-bas, quand toute la campagne se couvre de gris sombre.

Ils marchaient, appuyés sur leur bâton, établissant là aussi une des règles de ce pèlerinage, ils marchèrent jusqu'au matin du 13 où une partie d'entre eux seulement parvint à s'entasser dans la cuvette naturelle de la Cova da Iria, soixante-dix mille environ. L'endroit n'était évidemment pas aménagé comme aujourd'hui et ces dizaines de milliers de gens, avec les charrettes, les brancards, les chevaux, trouvèrent difficilement de la place au milieu des oliviers et des chênes. Beaucoup s'arrêtèrent le long du chemin, ce qui ne les empêcha pas d'assister au miracle, visible des kilomètres à la ronde. Mais pour le moment, en ce début de matinée, ils ne songeaient qu'à se protéger, surtout les malades et les enfants, du froid et de l'humidité glaciale qui les faisaient frissonner dans le creux des rochers. Le plus grand journal portugais de l'époque, proche des idées de la libre pensée et du pouvoir, *O Secolo* (le Siècle), avait dépêché plusieurs envoyés spéciaux. L'un deux, Avelino De Almeida, avait télégraphié la veille un premier article, paru donc ce 13 octobre au matin, et dont voici quelques extraits significatifs :

« Des milliers de personnes accourent sur une lande, aux environs d'Ourem, pour y voir et entendre la Vierge Marie. Que les âmes pieuses ne se chagrinent pas et que les cœurs purs et croyants ne s'effraient pas : nous n'avons nullement l'intention d'être un scandale pour ceux qui tiennent sincèrement à leur foi et que le miraculeux attire encore, séduit, ensorcelle, console et fortifie, comme c'est le cas depuis deux mille ans et le sera encore certainement pour quelques autres milliers d'années ! Qu'on fasse de la satire ou de l'apologétique, personne n'a l'intention de ridiculiser ces pieuses âmes ! Il ne s'agit ici que d'un court article de journal sur un événement qui n'est pas nouveau dans l'histoire du catholicisme, mais qui, au contraire, eut lieu souvent presque sous les mêmes formes, à des époques diverses dans des pays différents et qui a été et sera toujours jugé différemment. Les uns le regardent comme un message du Ciel et une grâce ; les autres y voient un signe et une preuve que l'esprit de superstition et de fanatisme a poussé des racines profondes qu'il est difficile ou même impossible de détruire.

« Les époques des grandes calamités ont toujours fait revivre et rajeunir les idées religieuses et les ont favorisées. Et la guerre, qui frappe partout, leur offre le terrain de culture le plus fertile. Ne pourrait-on pas y voir aussi l'action de spéculateurs qui profitent de la bonne occasion pour réaliser des plans cachés et rémunérateurs, dont la touchante et sainte simplicité constitue le premier objet d'exploitation ? Nous ne serions pas étonnés d'apprendre demain que les fameuses apparitions de Fatima ont rapporté à pas mal de gens de gros avantages matériels. Il y a même des gens qui rêvent d'une grande et magnifique église toujours remplie, de grands hôtels à côté avec tout le confort moderne, de magasins bien achalandés de mille et un objets de piété et de souvenirs de Notre-Dame de Fatima.

« Le clergé de l'endroit et des environs conserve à l'égard des événements une prudente réserve. C'est la coutume de l'Église.

« La phénoménologie des apparitions est toujours la même. Fatima remplace Lourdes, la dernière fleur de l'arbre touffu du culte marial qui a poussé sur les Pyrénées et les Alpes : mont Oussé, Médoux, Garaison, La Salette. Comme en 1500, 1648, 1846, 1858, ce sont toujours des pauvres, de simples enfants ignorants à qui l'Apparition se manifeste pour les exhorter à la prière et demander l'affluence et l'hommage des foules. »

Les enfants arrivèrent peu avant midi, entourés des familles au grand complet — ce qui ne s'était jamais vu jusque-là, en particulier la présence de Maria-Rosa qui réchauffait le cœur de Lucia. Les adultes avaient fort à faire pour se frayer un chemin dans la foule. C'était toujours la même fébrilité, les gens agglutinés qui cherchaient à toucher Lucia, Jacinta et Francisco, voire à déchirer leurs vêtements pour garder on ne sait quelle relique.

« LES ENFANTS ARRIVENT ! » Ce cri répété, hurlé par des milliers de bouches, couvrit instantanément les chants religieux et les prières qui couraient depuis le matin au-dessus de la foule. Il se fit un grand mouvement, comme si la vague humaine accompagnait les enfants jusqu'au cercle magique, l'enclos sacré où seuls ils pouvaient pénétrer, et au centre duquel se trouvait le petit chêne, entouré de ses guirlandes multicolores.

Mais y parvenir était de plus en plus difficile. Les gens se jetaient à genoux dans la boue gluante, pour implorer, pour étreindre les enfants, pour les serrer si fort de leurs centaines de bras avides que tout à coup un hurlement couvrit les cris. C'était Jacinta, dans une petite robe de lin blanc, le visage éperdu, qui criait à tue-tête : « Mais n'écrasez pas mon papa ! N'ÉCRASEZ PAS MON PAPA ! » Soudain surgi de la foule, un jeune soldat la prit comme une plume, l'arracha à on ne savait plus quelle étreinte et la mena jusqu'au centre de l'enclos où il la déposa délicatement au pied du petit chêne.

Elle fut rejointe quelques instants plus tard par Lucia et Francisco, ébouriffés, rajustant leurs beaux vêtements de fête, prévus pour les mariages et les morts, et qu'on leur avait fait mettre pour cette circonstance exceptionnelle : le miracle.

Et tout le monde l'attendit, entrant petit à petit dans le silence, chacun l'un après l'autre se mettant à genoux, jusqu'à ce que toute cette immense foule ne soit plus qu'un champ de prière sous la pluie.

Et l'éclair vint, brouillé, irisé par les gouttes, au-dessus de l'arbre.

Et Lucia vit la Vierge.

Elle baissa doucement la tête à la hauteur de ses mains jointes, et lentement, comme pour savourer une dernière fois, elle le savait, les paroles qu'elle allait dire à l'apparition venue d'un autre monde, elle prononça les mots rituels :

— Que voulez-vous de moi ?

La Vierge répondit immédiatement, d'une manière un peu différente des autres fois, comme s'il s'agissait de conclure en indiquant une volonté ferme et précise.

— Je veux que l'on fasse ici une chapelle en mon honneur.

Elle regarda les enfants, sans sourire. Une révélation allait suivre.

— Je *suis* Notre-Dame du Rosaire.

Elle laissa passer un temps, dans le silence de l'émotion de tous.

— Je veux que l'on continue à dire le chapelet tous

les jours. La guerre va finir et les soldats vont rentrer chez eux.

Lucia osa la regarder, consciente du temps qui filait, inexorablement.

— J'ai tellement de choses à vous demander... guérir tant de malades...

La Vierge ouvrit imperceptiblement ses mains, dans son magnifique habit de lumière et de ciel.

— Certains seront guéris, il faut que les autres se corrigent. Il faut qu'ils demandent pardon pour tous leurs péchés.

Soudain elle leva son visage vers le ciel.

— Il faut arrêter d'offenser Dieu ainsi.

Sa voix se fit encore plus forte :

— Il est déjà trop offensé !

Puis elle garda le silence.

Lucia comprit. Au bout d'un moment, elle baissa la tête et prononça, d'une voix très basse, ces mots si difficiles, si terribles à dire :

— Vous ne voulez plus rien de moi ?

La Vierge la regarda, avec ce sourire merveilleux, indéfinissable, puis, doucement, elle lui dit :

— *Não te quero mas nada.*

Je ne veux de toi rien de plus, rien de plus... Lucia n'eut que le temps d'un écho et déjà les mots s'éloignaient, remplacés par une sensation étrange, qui envahissait la fillette. Que se passait-il ? Une lueur jaillissait des mains de la Vierge, submergeait tout, et Lucia suivait des yeux cette lueur qui montait vers le soleil et soudain elle poussa un terrible cri : « *O SOL, OLHEM O SOL !* REGARDEZ LE SOLEIL ! »

Et le miracle s'accomplit.

Voici comment Avelino De Almeida, l'envoyé spécial de *O Secolo* dans la région de Fatima, qui s'était montré la veille si sceptique et si grinçant, va relater dans son article daté du 15 les événements du 13 octobre 1917.

CHOSES ÉTONNANTES
COMMENT LE SOLEIL A DANSÉ EN PLEIN MIDI À FATIMA

« ... La pluie continue sans arrêt, mais personne ne désespère. Des chariots retardataires arrivent sur la route. Des groupes de fidèles s'agenouillent dans la boue et Lucia les prie, leur ordonne de fermer les parapluies. L'ordre est transmis et exécuté tout de suite, sans résistance. Il y a du monde, beaucoup de monde, en extase dirait-on : ils sont émus, leurs lèvres desséchées ne prient plus ; des personnes sont en pâmoison, leurs mains en attitude de prière et les yeux qui se mouillent ; ils semblent toucher le surnaturel. [...]

« L'enfant affirme que la Dame lui a parlé encore une fois et le ciel, toujours couvert, commence tout à coup à s'éclaircir par en haut ; la pluie s'arrête et l'on devine que le soleil va inonder de lumière le paysage que le matin d'hiver a rendu encore plus triste. [...]

« Pour la foule, que des calculs sans passion de personnes cultivées et tout à fait étrangères aux influences mystiques évaluent à trente ou quarante mille personnes, la manifestation miraculeuse, le signe visible annoncé, est sur le point de se produire.

« On assiste alors à un spectacle unique et incroyable pour celui qui n'en a pas été le témoin. Du haut de la route, on voit l'immense foule se tourner vers le soleil, qui se montre, hors des nuages, en plein midi. L'astre rappelle une plaque d'argent pâle et il est possible de le regarder en face sans la moindre gêne. Il ne brûle pas; il n'aveugle pas. On dirait une éclipse. Mais voici que jaillit une clameur colossale et nous entendons les spectateurs les plus rapprochés qui crient :

« — Miracle, miracle! Merveille, merveille!

« Aux yeux étonnés de ce peuple, dont l'attitude nous transporte aux temps bibliques et qui, rempli d'effroi, la tête découverte, regarde l'azur du ciel, le soleil a tremblé, le soleil a eu des mouvements brusques jamais constatés et en dehors de toutes les lois cosmiques — le soleil a "dansé", selon l'expression typique des paysans. »

Ce que rapportent les chroniqueurs du temps, les multiples récits, y compris ceux que j'ai pu moi-même recueillir auprès de ces petits vieillards indestructibles habitant ces recoins de montagne, convergent tous vers cette description unanime d'une « danse » du soleil. Selon ces témoins, l'astre aurait tourné sur lui-même comme une roue de feu d'artifice, projetant des faisceaux de lumière de toutes les couleurs, avançant ensuite vers la foule terrorisée avant de remonter dans le ciel pour reprendre sa place normale. Le recteur du sanctuaire me raconta que le bon prêtre qui l'avait instruit avait assisté à la danse du soleil. Il était tombé à genoux, en criant « Mon Dieu, pardonnez-moi, je meurs ici ! » et il avait entonné un vibrant credo repris aussitôt par des milliers de voix.

C'est sur l'évocation de cette scène que se termine mon film.

Ce que je n'ai pas — ou pas encore — raconté dans un film c'est la suite, ce qui s'est passé après cette danse du soleil qui fonde le pèlerinage de Fatima. Il y a d'abord cet épisode tout à fait extravagant, qui suit immédiatement le miracle : la ruée de dizaines de fous furieux armés de ciseaux sur Lucia terrorisée. Cent paires de ciseaux étincelants brillent au soleil. Elle ferme les yeux, et pense qu'elle va mourir. Mais non, tout ce qu'on veut d'elle, c'est une boucle de cheveux. En trente secondes elle est tondue. Ensuite vint la continuelle torture des questions des journalistes, des interrogatoires de gens d'Église, des visites de puissants et d'humbles, parce que chacun désormais sait qu'il s'agit d'une affaire de première grandeur.

Jacinta disait : « J'aimerais tant rester seule avec Jésus ! Mais on ne nous laisse pas tranquilles ! »

Et puis les enfants, et tous les témoignages le confirment, prirent cette célébrité avec plus de philosophie, un peu à la manière de la petite Cécile Maupeu qui, à la fin du tournage, quand on lui demandait ce qu'elle allait faire, après avoir été star pendant deux mois, avec des habilleuses, des maquilleuses, toute l'équipe à sa disposition, répondait : « Je vais rentrer chez moi, faire du cheval. »

Le refuge des enfants de Fatima, ce fut l'école, puisque la Dame leur avait demandé d'apprendre à lire. Lucia et Jacinta y allèrent avec assiduité, sous l'œil curieux de leurs petits camarades. Francisco, lui, n'en voyait pas l'utilité.

— Qu'est-ce que ça peut faire? disait-il, puisque je dois bientôt aller au ciel...

C'est ce qui ne devait pas tarder à arriver et que j'ai déjà évoqué : la guerre de 14-18 laissa derrière elle un tel cortège de privations, de fatigues, de mauvaises conditions d'hygiène et d'existence que le moindre germe devait fatalement entraîner une terrible épidémie. Ce fut la tragique grippe espagnole, qui en temps normal n'aurait peut-être pas été pire qu'une grippe banale, mais qui, là, fit vingt millions de victimes en Europe de la fin de 1918 à la fin de 1919.

Le premier frappé fut donc Francisco, comme il était prédit. La veille de Noël 1918, il ressentit cette fièvre très forte qui allait l'emporter trois mois plus tard, trois mois passés à dire son chapelet pratiquement sans interruption, ainsi que la Dame le lui avait demandé... Jacinta, aussi affaiblie que lui par tous les « sacrifices » qu'ils s'étaient imposés, fut soignée de toutes les manières possibles, à l'hôpital d'Ourem, veillée par Lucia à qui elle confia souvent qu'elle souhaitait tant retrouver Francisco... Elle mourut le 20 février 1920. Le père de Lucia, Antonio Dos Santos, était mort lui aussi en juillet 1919.

Et Lucia resta seule. Elle apprit à lire. Puis elle entra au couvent et rédigea ses mémoires, en attendant patiemment de rejoindre ses petits cousins, au ciel et dans la sainteté.

Et le pèlerinage se perpétua. Les quelques centaines de fidèles qui se réunirent régulièrement au pied du petit chêne les dimanches et les fêtes des années suivantes passèrent vite à plusieurs milliers tous les 13 mai. Cela ne manqua pas d'inquiéter les autorités, qui favorisèrent d'abord la création d'un « Comité de protestation contre les menées cléricales » puis rendirent difficile l'accès même à la Cova da Iria, où un clergé assez réticent avait tout de même fait édifier, dès 1919, une chapelle. Dans la nuit du 6 mars 1922, quatre charges de dynamite la pulvérisèrent, et la police découvrit sous le petit chêne une cinquième charge qui n'avait pas explosé. Du coup, le 13 mai 1922, ils furent dix mille pèlerins à envahir la Cova da Iria, soixante mille le 13 octobre de cette année-là et ils sont des centaines de milliers dans les pèlerinages d'aujourd'hui.

Ce n'est qu'en 1930, et comme il se devait le 13 octobre, que Mgr Correia Da Silva, évêque de Leiria, proclama les apparitions « surnaturelles et dignes de foi ». C'était autrement dit la reconnaissance officielle de Fatima par l'Église, reconnaissance, on l'a vu, très difficile à obtenir.

Enfin, au début des années cinquante, naissait aux États-Unis dans l'entourage du combatif cardinal-archevêque de New York, Mgr Spellman, une organisation encore très active aujourd'hui, l'Armée bleue. Une légion de volontaires animés de la même foi en Notre-Dame de Fatima, et dont le combat ira dans le sens de ses révélations, la conversion de la Russie. L'idée en est simple : pour combattre l'Armée rouge, il faut une Armée bleue.

Début décembre 1991. Il n'y a plus personne sur l'immense esplanade de la basilique, balayée par un vent glacial. Personne dans les hôtels qui ferment ou entrent dans un demi-sommeil dont ils ne sortiront qu'au printemps. Nous aussi nous avons fini, nous plions bagage. Teresa, la costumière, range les centaines de vestes ou bonnets d'époque dans de grandes malles. Isabelle, la photographe, prépare son dernier cliché. Elle veut réunir toute l'équipe, mais c'est difficile parce que chacun s'affaire dans son coin. En bonne Irlandaise tenace, elle y arrivera. Quand nous sommes tous alignés devant la petite église de Bairro, où nous avons tourné le film, c'est un cri unanime : « Il manque les moutons. » Je pousse mon dernier hurlement de metteur en scène, « LES MOUTONS ! » et, sous les rires de toute l'équipe, João, l'assistant, repart pour sa dernière chasse. Il vient de vivre sept semaines de cauchemar. Lucia est une petite bergère, ce qui signifie que dans les trois quarts des prises de vues il faut voir une dizaine de moutons, et que chaque fois que l'on recommence, il faut faire revenir les moutons à leur point de départ, ce qui n'est guère facile. João court avec son stagiaire, l'inénarrable Shorty, rassembler les animaux dont le premier est déjà à cent mètres. Puis il faut les remettre en place et « Moteur ! ». Mais aussitôt je hurle : « Et LES MOUTONS ! Pourquoi ils n'avancent pas ! » Ils n'avancent pas parce qu'ils viennent de faire ça une fois, et qu'ils ont de la logique sous leur laine, rien à faire. João leur parle en mouton, ils le regardent, il les supplie, je crie, le directeur de production s'assied, il va encore avoir un infarctus, et ainsi de suite *tous les jours*. Alors aujourd'hui, pour la dernière fois, João les a rassemblés, immobiles. La photo est prise, le film est fini.

Je vais de l'un à l'autre, tout le monde est ému, on va se séparer, c'est la dure loi du genre. On a vécu ensemble pendant des mois, on a formé une équipe. On se reverra sur un autre film, dans un mois, dans un an ou jamais.

Je remercie, j'embrasse, je note des adresses. C'est triste. Dans cet invraisemblable étalage de valises et de containers, qui accompagne tous les tournages, s'affaire Octavio, notre premier assistant opérateur, un personnage célèbre dans la profession cinématographique portugaise, une espèce de géant farfelu et adorable, toujours prêt à faire des blagues, parlant (fort) un français très recherché.

Et pourtant, j'avais hésité à le prendre dans mon équipe. On avait cherché à m'en dissuader. Parce que ce fils de l'un des meilleurs producteurs portugais était aussi un actif militant communiste et que le sujet très particulier que nous allions traiter pouvait créer des problèmes lors du tournage. Ce ne fut jamais le cas.

Je me suis assis près de lui, sur une des caisses caméra.

— Je peux te déranger un instant, Octavio ?

— Vas-y, si moi je ne te dérange pas en continuant à nettoyer mes objectifs.

— J'aurai juste quelques questions à te poser.

Octavio lève le bras, comme s'il voulait attirer l'attention des autres.

— Attenzione, crie-t-il en imitant un accent portugais ou espagnol, lé métteur en scéne il veut paler à esclave !

— Mais non, Octavio, c'est sérieux... c'est à propos de toi, des communistes et de Fatima.

Il ne sourit plus. Il réfléchit, en rangeant soigneusement son matériel. Puis il se tourne vers moi et me regarde bien dans les yeux :

— C'est ça, parlons-en.

10.

Octavio

Je sors mon carnet de notes, comme Humphrey Bogart dans *Bas les masques*, ou presque. Il me regarde avec incrédulité :

— Tu ne vas pas m'interviewer ici, en ce moment, un tel jour ?

— Mais si, pourquoi pas ? On est bien, au soleil. Dès que tu seras rentré à Lisbonne, tu commenceras un autre film et je ne te verrai plus.

— Bon, vas-y.

— Alors je note. Mais soyons clairs : est-ce que je peux préciser dès le départ que tu es une voix autorisée du Parti communiste portugais ?

— Je suis membre du Parti, j'exprime un point de vue communiste.

— Bien. Est-ce que je peux dire que tu exprimes aussi le point de vue général de la gauche, des gens de gauche ? — c'est le cas de la presque totalité de l'*establishment* intellectuel et cinématographique de ce pays.

— Oui, beaucoup de gens doivent penser comme moi.

— Parfait, commençons. Tu t'appelles Octavio Espirito Santo.

— Amen.

— Pardon ?

— Depuis que je sais parler et que j'ai compris que je portais un tel nom de famille, chaque fois qu'on me dit « Vous vous appelez Octavio Espirito Santo », j'ajoute amen, ça s'impose.

— C'est tout de même un nom assez extravagant, qui pourrait se traduire par Octave de l'Esprit saint.

— C'est fréquent ici, c'est ce genre de nom que l'on donnait au XVe siècle, au moment de la Reconquête, aux Arabes et aux Juifs, pour en faire de « nouveaux chrétiens » avec ce genre d'appellation contrôlée.

— Tu serais donc d'origine juive ?

— Peut-être, *et* arabe, j'aime cette idée d'être les deux à la fois.

— C'est pour ça que pendant tout le film tu as porté une coiffure palestinienne ?

— Je l'avais achetée à la fête de notre journal, c'est comme la fête de *l'Huma*.

— Entendu, mais quand on entre dans Lisbonne, en venant de l'aéroport, on voit en lettres de cinq mètres de haut, surtout la nuit, en néon, une grande pub pour la banque Espirito Santo. Ce nom de famille, ici, c'est un peu l'équivalent de Rothschild.

— J'appartiens à une autre branche de la famille, pas si riche.

— Et tu es communiste ?

— Depuis 1973.

— Je ne sais pas, mais être communiste en 1990, c'est bizarre. Le communisme s'écroule partout, dans les ex-pays de l'Est bien sûr, mais en URSS même... et en Chine il survit par la terreur. Comment peut-on être communiste aujourd'hui ? Ça fait diplodocus, paléopolitique...

— Non. Ce n'est pas une question d'antiquité, dit avec foi Octavio, c'est une question de mentalité, d'idéologie, de principes de vie aussi.

Pourquoi discuter ? En ce domaine comme en beaucoup d'autres, le Portugal est une sorte de réserve naturelle de l'Europe. Dans cet enclos qui semble préservé du monde moderne, on trouve encore des êtres humains *gentils*, *prévenants*, *accueillants*, motivés et idéalistes. Ils sont tellement rares partout ailleurs qu'il ne faut pas s'en plaindre.

— Mais, au moins, tu es un communiste rénovateur ?

— Il n'y a pas de rénovateurs, il a d'abord des communistes. Après, chez eux, ils peuvent penser ce qu'ils veulent, mais ce qui compte c'est l'idéal communiste, les principes marxistes, c'est une vue philosophique de la vie.

— Pour cette philosophie la religion est l'opium du peuple.

— Je ne dirais pas cela comme ça, parce que pour moi l'idéal communiste n'est pas dogmatique, le marxisme ouvre les portes historiques de la dialectique et...

— Qu'est-ce que tu me racontes ? La religion est l'opium du peuple ou pas l'opium du peuple ?

— C'est une question aussi d'Histoire. La religion, d'une façon philosophique, fait avancer les peuples...

— C'est nouveau. Mais dis-moi, pendant tout ce tournage, tu as dû souffrir.

— Pas le moins du monde. Je suis un professionnel, intégré à une équipe technique. Je n'ai à me poser de questions que sur la bonne marche de mon matériel et la bonne qualité de notre travail.

— Je t'en remercie.

Nous nous serrons la main avec amitié.

— Maintenant entrons vraiment dans le sujet. Le 6 mars 1922 un attentat à l'explosif a détruit la chapelle construite en l'honneur de la Vierge apparue à la Cova da Iria. Je ne te soupçonne pas d'avoir fait ça toi-même, tu étais encore un peu jeune...

— Je suis né en 1960...

— Oui, mais il y avait déjà des types comme toi : la gauche anticléricale et franc-maçonne de l'époque ?

— Pour moi c'est très clair : c'est une provocation, parce que, lance Octavio avec véhémence, c'est tout de même un peu fort, cette histoire d'explosifs, n'est-ce pas : il y a cinq charges, les quatre qui détruisent la chapelle et la cinquième, sous le chêne sacré, comme par hasard n'explose pas. C'est clair comme message : les forces spirituelles n'ont pas laissé s'accomplir le sacrilège. Évidemment ça provoque une mobilisation des fidèles, ça multiplie aussitôt le nombre des pèlerins, tu as les chiffres, pas la peine d'insister, le but est atteint. Et, ajoute-t-il, comme en récitant m'a-t-il semblé une leçon bien apprise, il faut se remettre dans le contexte. C'est encore l'époque de la première République, le commencement des grands mouvements anarchiste puis communiste. Le Vatican s'inquiète, cela va de soi. Comment faire obstacle ? Eh bien, prends le cas précis du message, chaque fois répété, de la Vierge sur la fin de la guerre et le retour des soldats. Bien sûr c'est un message de pitié et d'espoir, mais pour moi c'est aussi un message pacifiste, de nature à gêner le gouvernement engagé à ce moment-là dans la guerre. Tout est comme ça : la révélation du message concernant la Russie en... 1942 sur ordre du pape Pie XII ! Tu te rends compte : en pleine offensive hitlérienne contre l'Union soviétique ! Avec Salazar au pouvoir ici, Franco en Espagne ? Moi je dis qu'il y a eu manipulation partout, jusque sur le plan touristique : c'est tout de même étrange que Fatima se situe exactement au centre du Portugal. Je dis qu'il y a eu manipulation, exploitation politique.

— Mais est-ce que cela veut dire que vous niez la réalité même des apparitions ?

— Non, sur les apparitions nous ne voulons pas nous prononcer.

— Tout de même, c'est important.

— Les apparitions, c'est une chose, leur exploitation, c'en est une autre. Sur le plan historique, Fatima a essentiellement permis la réorganisation des forces réactionnaires, et a facilité sans doute leur reconquête du pouvoir en 1926. Et comme toujours, en exploitant l'analphabétisme, car il est plus facile de dominer des gens sous-informés. L'Église veut toujours le pouvoir.

Il n'y a pas qu'elle, pensais-je en quittant le cher Octavio.

11.

Luciano

L'équipe est partie, pour Lisbonne ou pour la France, et moi je suis le dernier ici, le dernier comme tous les capitaines, et je traverse tristement la grande esplanade déserte. Au milieu, près du petit chêne devenu gros buisson et entouré d'une grille, je me retourne vers la basilique. En haut du clocher, j'aperçois la statue de la Vierge de Fatima. Je lui adresse une prière pour la remercier de nous avoir protégés et d'avoir permis que ce tournage se passe bien jusqu'à sa fin, c'est la moindre des choses. Puis je continue, je passe devant la nouvelle chapelle et j'arrive aux bureaux du sanctuaire, où je demande à voir le recteur, Mgr Guerra, pour lui dire au revoir.

Luciano Guerra me reçoit dans un salon meublé en style bourgeois Belle Époque avec une grande cheminée. Il est debout près du feu, avec sa cape de loden posée sur ses épaules, impressionnant. Il pose son bréviaire et m'invite à m'asseoir dans l'un des fauteuils profonds.

Je ressors mon carnet de notes, mais cette fois-ci comme Robert Redford dans *les Hommes du Président*. C'est dire que je sens bien à qui j'ai affaire. À un grand personnage, non pas seulement de l'Église, mais de l'échiquier diplomatique et, j'en suis sûr, économique, de l'Europe et peut-être du monde.

— Je voulais vous présenter mes respects, monseigneur, vous remercier et vous informer de la rédaction d'un livre qui doit paraître en même temps que sortira le film.

— Bien, je vous écoute.

Le ton est toujours un peu sec, pressé. J'ai déjà vécu ça avec un certain nombre de patrons, c'est un patron.

— Est-ce que je peux vous demander de participer un peu à ce livre en répondant à quelques questions ?

— Je vous en prie.

— Je viens d'interviewer l'un des membres de notre équipe, un militant communiste, il m'a donné son point de vue, d'ailleurs assez prudent, mais enfin il pose quand même certaines questions sur lesquelles il m'importe d'avoir votre sentiment.

— Allez-y.

— Il y a d'abord cette histoire de l'attentat de mars 1922. Pour les communistes ce serait une provocation.

— Ils ne manquent pas d'aplomb, parce que, dans le genre, ils en ont commis pas mal, hein. Et puis, dans ce cas précis, je crois qu'on surestime beaucoup l'Église. Elle est infiniment moins comploteuse que ça.

— Toute cette affaire de Fatima serait une vaste manipulation.

— Comme en Union soviétique ? Vous savez, l'Église m'a appris la vérité, la sincérité. On admet des fautes dans l'Église. Mais une telle stratégie... impossible.

— Il est aussi question du pacifisme du message de la Vierge. En annonçant la fin de la guerre, et ça fait partie de la manipulation, elle gêne le gouvernement républicain engagé dans cette guerre.

— Mais non. Personne ne contestait cet engagement, considéré partout comme juste ; c'était accepté. Il n'y avait aucun malaise quant à la guerre : mais le désir qu'elle se termine, c'est naturel... La Vierge répondait à un profond sentiment populaire.

— L'Église voulait le pouvoir pour détruire la république et Fatima a permis la reconquête de ce pouvoir.

— C'est très injuste. En 1917, le pays était au bord de la misère et il n'est pas nécessaire d'invoquer de grands motifs de stratégie religieuse pour que le peuple ait envie de se soulever. Il est normal que le peuple ait fait la liaison entre la persécution religieuse et la misère. Il n'y avait pas besoin de l'apparition pour cela.

— Il y a donc eu toute une série de mouvements culminants en 1926, qui ont abouti à Salazar et au fascisme...

— Attention. Aujourd'hui on fait un peu plus attention au vocabulaire, on tempère les idées reçues. Le « lourd héritage du fascisme » est surtout lourd des mille tonnes d'or qui ont permis toutes les folies de la dernière révolution de 1974. Non, ce qui amène ces thèses de la manipulation, c'est que Fatima gêne les libres penseurs et les francs-maçons, parce que Fatima est un renouveau religieux, et il n'y a rien à faire, on a beau chercher à l'éradiquer, Dieu renaît toujours de ses cendres. Dieu renaît du néant. Pour cette éradication, le communisme est la première entreprise humaine qui ait utilisé tous les moyens, théoriques et pratiques, pour effacer non seulement les signes extérieurs de la religion, mais pour l'effacer aussi dans le cœur, à la source cérébrale. Eh bien, ça n'a pas marché.

— Notre ami communiste condamne aussi cette révélation du « secret de Fatima » — en fait, la phrase de la Vierge sur la conversion de la Russie — en 1942, en pleine offensive nazie.

— L'opposition de l'Église au communisme ne date pas de là, que je sache, elle vient de très loin, et comment pourrait-il en être autrement ? Le communisme est né contre le christianisme, c'est sa raison d'être et sa faiblesse. C'est le péché qui a permis au communisme de grandir. L'Église n'avait pas besoin de Fatima pour annoncer le triomphe final du Bien, et donc de Dieu.

— Oui, mais tout de même, en 1942 ! Au mieux on pourrait dire que c'est une maladresse...

— Non, ce n'est pas une maladresse. Allez dire cela au cardinal de Hongrie et à tous les Hongrois qui sont venus ici remercier la Vierge de les avoir sauvés du communisme, le 13 mai 1990, ou à Mgr Meissner, archevêque de Berlin, venu lui aussi remercier Notre-Dame de Fatima...

Je prends des notes, j'enregistre avec l'angoisse de ne pas être assez fidèle, assez précis. Ce prélat si droit, si émouvant dans son travail quotidien de gestionnaire ecclésiastique, me regarde avec cette indulgence qu'il a souvent montrée pendant le tournage du film. Il doit savoir que la perfection n'est pas de ce monde.

Il fait un grand geste, très gentil.

— Mais enfin, vous savez, l'homme de foi ne vit pas en fonction de quelque chose, contre quelque chose. Il puise son énergie dans sa propre conviction, alors que ces mouvements dont nous parlons naissent et vivent de leur opposition, d'être contre. C'est en somme un grand parasitage. Croire se suffit à soi-même.

— Quel est l'avenir de Fatima ?

— Il me semble que le phénomène le plus important qui entoure ce pèlerinage, c'est sa jeunesse. Les jeunes aiment le pèlerinage, depuis toujours, mais ce phénomène est aujourd'hui augmenté, multiplié par ce qui se passe dans les ex-pays de l'Est, où, autour des nombreuses statues de Notre-Dame de Fatima, des centres se créent un peu partout et permettent à beaucoup de jeunes de vivre son message, en toute liberté. Et pour tous il y a cette reconnaissance pour la Vierge qui a annoncé une délivrance spirituelle et politique. Tous ces jeunes viennent ici remercier la Sainte Vierge.

— Est-ce que cela ne s'inscrit pas aussi dans un phénomène général de retour à la foi, à la spiritualité ?

— Je ne dirais pas retour mais renouveau. Chez certains, la couche la plus sensible. Parce que le matérialisme va continuer à faire des ravages. Il y aura toujours une partie de la population qui restera influencée par le matérialisme... Et puis, il y a tant de familles qui se tarissent... C'est une sorte de suicide de l'Occident. Lorsque l'enfant n'est plus aimé autant que l'adulte, lorsque l'adulte s'aime lui-même plus qu'il n'aime l'enfant, c'est le signe d'une civilisation en décadence. Mais, dans ces mêmes couches de population nord-américaines et européennes, il y a quand même beaucoup de gens qui se réveillent à la réalité de Dieu et qui vont constituer un noyau de résistance et de renouvellement. De ce point de vue aussi, on peut dire que Fatima est un pôle d'énergie spirituelle.

— Cela, monseigneur, je vous l'accorde. Je l'ai surtout ressenti le 13 mai 1990 en venant filmer le grand rassemblement — il devait y avoir plus de cinq cent mille personnes. C'était très impressionnant. On sentait vibrer une sorte d'énorme concentration d'énergie, d'émotion et de ferveur...

— Fatima est, je crois, le pilier du renouveau chrétien.

— Mais que dire alors de Medjugorge, en Yougoslavie ?

— On en parle beaucoup, la Vierge serait apparue à un groupe de jeunes gens de onze à dix-sept ans le 24 juillet 1981. Et elle continuerait depuis à apparaître tous les jours, à cinq heures de l'après-midi.

— Pourquoi « serait » ?

— Parce que l'Église ne s'est pas encore prononcée officiellement. Vous savez que, dans tous les cas d'apparition, il y a une attente très longue, une commission se réunit pour étudier le cas et statuer. Tant que l'évêque n'aura pas prononcé son jugement définitif, nous ne pouvons rien dire. Sauf, peut-être, que les fruits semblent bons et qu'il y a là-bas une grande ferveur.

— Lourdes, Fatima, Medjugorge ?

— C'est la même source, l'eau ne peut pas être différente. C'est avant tout l'ouverture à l'esprit de Dieu. L'esprit de Dieu vous habite et c'est la joie qui jaillit.

Là-dessus il se lève, et, très vite :

— Que Dieu vous bénisse.

Et il s'en va.

Dehors, il fait beau, sur l'esplanade de la basilique de Fatima.

12.

Augusto

Le père Augusto Pascoal a donc été, dès l'élaboration du scénario, notre conseiller religieux. C'est vers lui que se sont tournés nos yeux implorants pour savoir comment étaient les cheveux de la Vierge, si ses ongles étaient faits et là, mon père, qu'est-ce que je lui mets comme chaussures ? Toute cette série de questions inattendues et auxquelles ni lui ni personne ne pourrait jamais donner de réponse définitive laissaient perplexe et parfois désorienté ce bon géant qui se définit dès l'abord comme un curé de campagne, rien de plus. Ça, c'est lui qui le dit. Il prend exprès un air modeste et bourru, comme un Galabru jeune, mais il est aussi l'adjoint de l'évêque et on devine vite que ce paysan a dû faire de très longues et très solides études et qu'il faut compter avec son intelligence et sa profondeur.

Mais comme tout chez lui est pure gentillesse, attention, bonté, il nous a rassurés. Pas un instant son contrôle n'a été pesant ni tatillon. Au contraire, il a donné rapidement, au fur et à mesure, les indications, les solutions que demandait constamment ce film, qui n'est pas un film religieux mais dans lequel des images du sacré apparaissent, qu'il ne fallait pas trahir.

J'ai pour lui une très vive, très chaleureuse amitié, et je le connais bien maintenant. Mais je suis à peu près sûr que les choses se seraient passées de la même manière avec tous les prêtres que j'ai pu rencontrer dans l'équipe du sanctuaire autour de Mgr Guerra, comme l'adorable père Cristino, l'archiviste, et tant d'autres. Ce clergé portugais fut pour moi — et, je crois, pour nous tous — une découverte.

Nous avons dîné ensemble, le dernier soir, avec Augusto. Il fallait voir ses gestes de dénégation devant les plats du plus célèbre restaurant de toute la région, le fameux *Tia Alice* en face de l'église de Fatima. « Non, non... » et il gloussait, pour ne pas tomber dans le péché de gourmandise, mais il ne pouvait résister à cette descente aux enfers culinaires. J'avais d'ailleurs du mal à le suivre parce que les techniciens français et moi étions plutôt réservés sur la nourriture, dont le moins que l'on puisse dire est qu'elle est vraiment très salée. Le Portugal est un bateau, il navigue sur l'Océan depuis des millénaires en capturant des morues qu'il a bien fallu saler pour les conserver. D'où cette tradition atavique du sel. Les Portugais en mettent des tonnes, partout, c'est immangeable, les maladies coronariennes sont la plaie du pays, et il n'y a rien à faire, quels que soient le niveau intellectuel, la fréquentation du monde extérieur, les voyages ou les séjours à l'étranger, que ce soient les ouvriers du chantier de l'autoroute ou un gentleman aussi fin, distingué et intelligent que Antonio Da Cunha Telles, le plus grand producteur de cinéma portugais, tous mangent trop salé.

Cette parenthèse refermée, je prends mon carnet de notes, le père Augusto s'arrête de manger, s'essuie les lèvres et désigne avec sa serviette le carnet :

— Comment ? Moi aussi ?

— Mais enfin... cela s'impose.

Il se sert un peu de *vino verde*, le vin vert, qui est aussi une de nos découvertes au Portugal, un petit vin qui ne titre guère plus de 9°, se boit frais, délicieux.

— Mais pourquoi moi ? Je ne suis qu'un pauvre petit curé de campagne...

— Arrête Augusto ! Tu me fais le coup depuis le début. D'abord ce n'est pas vrai.

— Si, c'est vrai, s'insurge-t-il, j'ai une paroisse...

— Et tu diriges le diocèse, et tu enseignes à l'université... D'ailleurs, à partir de maintenant je vais te dire vous et t'appeler mon père, comme il se doit.

Il hoche la tête, puis regarde avec tristesse le reste de son *bacalhau*, la morue traditionnelle. Il ne va pas pouvoir continuer à la dévorer. Il devrait me remercier, je prolonge sa vie de dix minutes.

Je commence.

— Un dimanche, notre directeur de la photo, Charlie Gaëta, m'a dit pendant que nous préparions le film, alors que nous étions sur l'esplanade : « Cette foule me touche tellement… que vient-elle chercher ? Une thérapie de masse ? Un grand rassemblement pour que chaque individu se fonde dans la ferveur générale ? »

— Peut-être.

Le père Pascoal s'est penché, c'est ce qu'il fait quand il réfléchit. Il hésite.

— Je suis un peu gêné, me dit-il enfin, la voix plus basse : le vrai Fatima, ce n'est pas ça. C'est un peu de ce que dit Charlie, le grand rassemblement émouvant, mais je crois que la plupart des gens n'ont pas trouvé ce que j'appelle le secret de Fatima.

Il se fait un silence, qui dure, je ne bouge pas.

Il regarde obstinément le bord de la table, puis tourne ses yeux vers moi.

— Mon rêve serait d'aider les gens à trouver ce secret.

Un soupir, puis, toujours à voix très basse :

— Le mot « secret » est un mot malheureux.

Je me remémore les étapes de ces secrets : le premier

secret, c'est la révélation de la mort prochaine des enfants, pour le deuxième Lucia pousse un grand cri, elle ne veut pas dire pourquoi, c'est la vision de l'enfer, et le troisième, c'est la prédiction de la conversion de la Russie. Maintenant, il y a une autre version, qui dit que le premier secret, c'est la vision de l'enfer, le deuxième, la phrase de la Vierge sur la conversion de la Russie, révélée en 1942, et que le troisième secret, c'est juste un petit mot, mais lourd de conséquences, qui suit dans le « quatrième mémoire » de Lucia cette relation de la fameuse prédiction sur la Russie de la troisième apparition du 13 juillet 1917. La Vierge aurait donc dit : « Si on écoute mes demandes, la Russie se convertira et la paix régnera. Sinon, la Russie continuera à répandre ses erreurs à travers le monde, provoquant des guerres et des persécutions contre l'Église. Les bons seront martyrisés, le Saint-Père aura beaucoup à souffrir, plusieurs nations seront anéanties... », à quoi Lucia avait ajouté : « *etc.* ». Cet *etc.* a beaucoup inquiété tous les exégètes de Fatima et préoccupé la hiérarchie catholique, à tel point qu'en 1943 l'évêque de Leiria, Mgr José Da Silva, demande à Lucia de lui préciser, par écrit, ce que peut bien renfermer cet *etc.* Lucia s'exécute et envoie son texte dans une enveloppe fermée à Mgr Da Silva. Cette enveloppe sera transmise ainsi au Vatican. Sur l'enveloppe, une mention : « N'ouvrir qu'en 1960 », de la main de l'évêque mais, on peut l'imaginer, à la demande de Lucia. En 1946 le chanoine Barthas, l'un des grands spécialistes de Fatima, réussit à poser la question directement à Lucia, pourquoi cette attente, et Lucia répond : « Parce que Notre-Dame le veut ainsi. » En 1955 le célèbre cardinal Ottaviani, qui a été pendant longtemps une sorte de ministre du dogme et même le symbole d'une certaine ligne dure du Vatican, va lui aussi interroger Lucia, qui lui répond cette fois une phrase autrement intéressante : « Parce qu'alors les paroles seront plus claires. »

Début 1960 donc, le pape, à ce moment-là le bon

Jean XXIII, ouvre l'enveloppe, lit le texte, le remet dans l'enveloppe et décide que tout cela doit rester secret.

L'affaire transpire et le 9 février 1960 l'agence UPI sort l'information, provoquant un immense intérêt dans le monde entier. Un magazine allemand, *Neues Europa*, annoncera plus tard que le pape a communiqué le texte secret à Kennedy et à Khrouchtchev, et que c'est à cause de ses prédictions apocalyptiques que les Grands ont signé le pacte de non-agression nucléaire du 6 août 1963.

La rumeur continue de s'enfler sur ce thème, ce qui va amener le cardinal Ottaviani à organiser le 11 février 1967 une conférence de presse où il explique d'une manière très claire et semble-t-il définitive que Jean XXIII, après sa lecture, avait estimé que le texte ne concernait que le pape, que c'était la véritable raison de sa non-divulgation, et que tous les bruits ou articles qui circulaient sur ce texte étaient « pure fantaisie ». Si ce message concerne le pape, alors de deux choses l'une, ou bien il est anodin, et alors pourquoi ne pas le divulguer, ou bien il est capital, et alors il faut le rendre public. À moins que, autre hypothèse, ce texte n'ait quelque chose à voir avec l'attentat dont a été victime Jean-Paul II à Rome le 13 mai 1981 ; on sait que le pape en réchappa miraculeusement et qu'il attribua aussitôt ce miracle à Notre-Dame de Fatima, sans explications, qu'il vint la remercier l'année suivante et qu'il le fit encore une fois en 1991. En tout cas, pour l'instant, ce fameux « troisième secret » reste entier.

— Mais c'est d'un autre secret que je parle, dit le père Augusto Pascoal. Je crois que le vrai secret, c'est que ce que Dieu a fait avec les enfants, Il peut le faire avec tout le monde. D'ailleurs, pour moi, si on veut connaître Fatima, il faut savoir ce que sont devenus les enfants entre 1916 et 1920, l'année de la mort de Jacinta. Ce qui me passionne, c'est d'étudier comment trois enfants tout à fait normaux, ils n'ont vraiment rien de spécial, ce sont de gentils et bons chrétiens, sont transformés par ces apparitions. À travers eux, on voit comment Dieu conduit les êtres.

» J'analyse les choses du point de vue de la *croyance*. Les enfants ont certainement eu un charisme spécial, mais pas si extraordinaire que cela. Ils ont presque toujours gardé des réactions d'enfants et on voit que derrière ces réactions c'est toujours Dieu qui veut les conduire d'une certaine façon. Pour moi, quand je parle de l'actualité du message de Fatima, je pense d'abord à ceci : lorsqu'on évoque la première apparition de la Vierge ou celle de l'ange, on voit qu'il s'agit de la même chose, c'est ce que j'appelle en portugais *recado de Deus*, le message. C'est un appel. Que l'on pourrait interpréter ainsi : « J'aime le monde, toute la création, j'ai créé ce monde parce que je l'aime, mais il m'échappe. » C'est ce qu'on lit dans la Bible. Depuis le début de la Révélation, Dieu cherche à faire alliance avec l'homme. C'est toujours Lui qui en prend l'initiative. L'homme est toujours infidèle et Dieu cherche sans cesse à retenir cette créature qui lui échappe.

» Au début de ce siècle, c'est toute la société qui tente d'échapper à Dieu, et lorsque Dieu cherche à retrouver l'homme, Il emploie non pas Son langage mais le nôtre. Le langage humain. Et il a besoin des hommes pour trouver l'homme. Alors il s'adresse aux enfants.

» Quelle est la première question de la Vierge ? « Voulez-vous vous offrir pour la conversion des pécheurs ? » Et les enfants répondent tout de suite « oui ». On va me dire : comment voulez-vous qu'ils comprennent, qu'ils aient conscience de ce que cela veut dire ? Eh bien, on ne prend jamais très bien conscience, on ne comprend jamais tout à fait ce que Dieu demande. Même les adultes. Eux, les enfants, ils ont compris que c'était Dieu. À Dieu, nous pouvons tous dire oui, si nous avons la foi, même si nous ne sommes pas de grands théologiens. Ce dont je suis sûr, en tout cas, c'est que Dieu ne demande jamais à l'homme quelque chose qu'il ne puisse pas faire. »

J'ai laissé parler le père Pascoal sans l'interrompre, et là, dans cette salle basse, pauvrement éclairée, contre ce mur de pierres nues, j'ai l'impression de retrouver quelque chose des premiers chrétiens, des catacombes ou des grottes de Judée. La foi des lointains ancêtres, sans doute faut-il aller jusqu'au fond du fond du Portugal pour la redécouvrir ainsi...

— En somme, mon père, vous êtes en train de m'expliquer pourquoi ce sont précisément des enfants qui ont été choisis ?

— Il me semble que dans un monde orgueilleux, un monde de savants, fasciné par les progrès de l'intelligence, on aura encore plus besoin de la foi pour comprendre ce monde. On retrouve cette même nécessité jusque dans la théologie : on voit bien les difficultés posées par la béatification des enfants. Ce qu'il faut admettre là, c'est un Dieu à la mesure de l'homme. Dieu prend le chemin des hommes, alors il se fait petit, puis il grandit, c'est tout le mystère de l'Incarnation. Dans le message de Fatima, Dieu vient nous dire « Je vous aime », parce que l'amour de Dieu c'est le seul amour qui soit éternel. Dieu ne regrette jamais d'avoir aimé.

— Mon père, votre explication des apparitions de Fatima montre qu'on peut les considérer d'un point de vue élevé, mystique, mais pendant le tournage nous avons été confrontés à des signes extérieurs inquiétants comme par exemple ces mortifications, ces gens qui rampent pendant des centaines de mètres, ces cires anatomiques d'un goût vraiment douteux. Comment vous, au niveau où justement vous vous placez, jugez-vous tout cela ?

— Bien sûr que ça me choque. Cela n'est pas Fatima.

— Et les marchands du Temple...

— La religion est une chose, la foi en est une autre. La religion est une manifestation de la foi. Il y a dans la religion des choses qui ne vont pas très bien avec la foi.

— On vous aurait brûlé pour avoir dit ça, il y a quatre siècles.

— Je n'en suis pas sûr. Et de toute manière nous sommes dans un autre temps, mais vous le savez, tout va à son rythme, les idées comme le reste. Dieu accepte l'homme. Dieu n'est pas un philosophe, Il n'est pas un rationaliste, Il conduit doucement, c'est Sa pédagogie.

— Il nous laisse faire des conneries, en somme ?

Le père Pascoal part d'un bon rire.

— C'est ça. Des bêtises dans tous les sens. Mais moi je trouve ça merveilleux. Quand je vois toutes ces choses qui me choquent à Fatima, je me dis : « C'est quand même heureux que je ne sois pas Dieu, sinon j'aurais tout brûlé depuis longtemps. »

— Est-ce qu'on ne risque pas de voir apparaître un jour une sorte de réaction franciscaine, ou protestante, une envie de déblayer tout ça, de chasser les marchands du Temple, d'arrêter ces manifestations païennes ? En somme, un aggiornamento de Fatima ?

— On peut l'imaginer, mais on ne peut pas le faire. Parce que, souvenez-vous de l'Évangile : Jésus dit au propriétaire du champ : « N'arrachez pas les mauvaises herbes, vous risquez d'arracher le blé avec. » Le plus important, dans tout ça, c'est ce qui se passe dans le cœur des gens.

— Vous savez que j'ai interviewé notre ami communiste, et pour lui, la Cova, c'est un entonnoir où se déversent les pauvres et les arriérés du Portugal.

— Mon Dieu que c'est exagéré ! Mais non, mais non. Ce n'est pas parce que les gens viennent à pied, de loin, pour le pèlerinage, qu'ils sont pauvres. C'est une tradition très ancienne. Cela s'appelait la *Romaria*, aller à Rome. On fait toujours Romaria à Fatima, et dans d'autres pèlerinages.

— Il me disait : les gens qui vont à Fatima sont les laissés-pour-compte de l'évolution.

— Mais non... moi aussi je suis allé à pied à Fatima, cette année, le cinquième dimanche du carême, toutes les paroisses ont des groupes qui viennent à pied. Encore une fois, cela fait partie du pèlerinage.

— Le plus grand grief de notre camarade : Fatima c'est la première entreprise du Portugal, c'est une usine à argent, une multinationale du Vatican...

— On cherche toujours à condamner l'Église du côté de l'argent. Je suis habitué à ce grief. On ose aussi parler de curés riches.

— Oui mais, justement. On sait que c'est parce qu'ils sont pauvres qu'il n'y en a plus dans les campagnes.

— C'est une des raisons, mais il y en a de beaucoup plus profondes. Il me semble que les jeunes couples subissent une sorte de lavage de cerveau. On ne cesse de leur répéter qu'il ne faut pas avoir plus d'un, au maximum deux enfants. Alors de là à évoquer l'hypothèse qu'un de leurs enfants devienne prêtre, ou religieux...

— C'est ainsi que se transmettrait l'idée qu'il ne faut pas devenir prêtre ?

— Eh oui. J'ai travaillé trois ou quatre ans dans une paroisse et je sais que les parents portugais ont peur qu'on leur enlève leurs enfants, ils ne veulent pas entendre parler de réunions... Et ça, on ne l'évoque jamais quand on parle de la crise de la vocation religieuse... je suis content d'avoir eu l'occasion de le dire.

— Même si cela nous a fait sortir de notre sujet... Parce que la question était : Fatima, première entreprise du Portugal.

— Je n'y ai pas répondu, parce que je crois que c'est faux. Sans doute y a-t-il beaucoup d'argent qui arrive mais je ne sais pas combien. Pendant six mois j'ai travaillé au sanctuaire, mais je n'avais rien à voir avec cette question, mon rôle au sanctuaire correspondait à ce que j'aime, le travail sacerdotal, que je préfère à la gestion, l'administration. Mais ce dont je suis sûr, c'est que non, Fatima n'est pas une grande entreprise industrielle ou commerciale, encore moins une multinationale ou je ne sais quoi de ce genre. S'il y a de l'argent, c'est pour tous les diocèses, pour toute l'Église, pour aider le pape, pour les voyages pastoraux. Bien sûr que le sanctuaire possède plus d'argent que d'autres mais il donne tout. Je trouve que tout ça n'est pas très important et qu'on y consacre trop de temps.

— Revenons donc au secret de Fatima. Est-ce qu'on peut comparer les trois grandes apparitions de 1880 à 1990, Lourdes, Fatima et Medjugorge ?

— Vous devez savoir que la dernière, nous ne pouvons en parler, l'autorité ecclésiastique n'ayant pas donné son avis. D'ailleurs, si elle était aussi avide que la dépeint notre ami, l'Église irait plus vite dans ce domaine. Pour Fatima le vieil évêque de Leiria a mis treize ans à se prononcer. Non, ce qui est plus passionnant, c'est de comparer Lourdes et Fatima. Je crois que le message de Lourdes est moins universel que celui de Fatima. À Fatima, ce dont il est question, c'est la conversion, on y retrouve l'Évangile des débuts, saint Marc, l'entrée dans le Royaume de Dieu. Les enfants nous appellent toujours à revenir à la rencontre de Dieu. Tandis qu'à Lourdes, à l'origine de tout il y a la maladie du père de la petite Bernadette Soubirous. La Vierge va le guérir. Lourdes repose donc d'abord sur l'idée de guérison : c'est l'action spirituelle miraculeuse. On peut ne pas croire à l'efficacité de la piscine de Lourdes, mais on peut croire à l'effet miraculeux de ce que les gens pensent dans leur tête en entrant dans la piscine.

— Une transformation spirituelle, l'action spirituelle miraculeuse de la foi, la foi qui guérit ?

— Qu'est-ce que c'est un miracle ? Un miracle c'est un signe. C'est pour cela que ceux qui ne croient pas ne voient jamais de miracle. Mais le « miracle » peut aussi s'expliquer naturellement ; c'est pourquoi j'hésite à parler de miracle à propos de Lourdes, je trouve que là, le mot peut être équivoque. Même s'il y a eu certainement de vrais miracles aussi, des choses que l'on ne peut expliquer autrement. Mais, si l'on cherche à comparer Lourdes à Fatima, Lourdes c'est la guérison du corps, Fatima c'est la guérison du cœur.

— C'est tout à fait ce que nous avons éprouvé, mon cameraman et moi, en venant avec le père Pagano filmer le grand rassemblement du 13 mai 90. Il y avait, comme palpable, une grande atmosphère de tendresse, très particulière...

— C'était le pèlerinage des couples. Ils sont venus, des dizaines de milliers, fêter leur anniversaire de mariage. Ce sera la même chose cette année et sans doute l'année prochaine. Fatima attire beaucoup de jeunes. Et il me semble, mais c'est un avis personnel, que Fatima attire plus les jeunes que les gens de ma génération, qui ont des complexes : c'est une génération sacrifiée. Car nous avons passé des années sous Salazar à souhaiter et à lutter pour un changement politique, et quand il est arrivé, il s'est quand même fait à nos dépens. Nous sommes des victimes.

— La classe des chrétiens de gauche ?

Il se fait un grand silence. Moi qui ai un peu vécu l'aventure de *Témoignage chrétien,* d'*Esprit*, de la lutte contre la guerre d'Algérie et des désillusions, je comprends bien ce que le père Pascoal veut dire. Notre temps, à nous, à notre génération, c'est celui de la remise en question. La gauche n'est plus dans la gauche. Tout est à revoir. Au Portugal, c'est le mythe de Salazar, le dictateur sanglant comme tous les dictateurs, qui n'est plus crédible.

— C'était un dictateur sanglant ?

— Mais pas du tout ! Bien sûr il y avait des abus de pouvoir, on n'avait pas le droit à la critique, c'est le moins qu'on puisse dire, et on a vu apparaître certaines caractéristiques du fascisme, comme les chemises vertes, etc. ; mais, dans l'ensemble... Non, pour nous le changement c'était un régime plus libre, un pays plus moderne. Mais les choses ont tourné d'une manière désagréable. Avec la Révolution, les communistes... il y a eu des clivages, des affrontements, des condamnations et nous en sommes restés marqués, meurtris, c'est dans ce sens que j'ai parlé de génération sacrifiée.

— J'ai récemment rencontré un jeune avocat portugais qui m'a beaucoup intéressé. Il a fait ses études de droit communautaire à Bruxelles avant de revenir vivre et travailler dans son pays natal, à Fatima. Il est vraiment sans complexes vis-à-vis de Salazar, il parle d'une manière très détachée et objective de sa politique économique, par exemple. C'est le passé. C'est l'Histoire. Et lui, sa génération, c'est l'avenir de Fatima, sans doute...

— Tout à fait. Je crois que cet avenir, eh bien, c'est à Dieu de le faire, Il est venu ici et Il fera de Fatima ce qu'Il veut, mais c'est aussi à nous d'amener les gens à mieux comprendre ce que la Vierge a dit aux enfants. C'est pour cela que pour moi la publication de ce livre est importante, tout comme le film qui devrait toucher un grand public. Je souhaite que tout le monde réfléchisse à cette histoire. C'est l'histoire de la transformation de trois enfants. Qui se sont laissé guider par Dieu.

13.

Jean-Paul

Pour moi le tournage du film ne s'est vraiment terminé que bien plus tard, en mai 1991, à Fatima, lorsque le pape a pris Cécile dans ses bras et l'a embrassée, sous les yeux de ses parents défaillants d'émotion, devant une foule de près d'un million de pèlerins et les caméras de télévision du monde entier. Nos trois petits comédiens, revêtus de leurs costumes du film, étaient venus porter au Saint-Père une supplique signée par des enfants des cinq continents pour demander la béatification de Jacinta et Francisco. Missive symbolique, mais tout était symbole dans ce voyage du pape, le deuxième à Fatima.

Le 13 mai 1981, à Rome, place Saint-Pierre, le pape avait été victime de l'attentat dont il n'avait réchappé, par miracle, c'est le cas de le dire, et c'est ce qu'il a dit, que grâce à la protection miraculeuse de la Vierge de Fatima. Il était donc venu la remercier l'année suivante, en 1982, puis pour le dixième anniversaire de cette intervention divine, ce 13 mai 1991.

Mais là, sa visite prenait une tout autre signification.

Un an plus tôt, le 13 mai 1990, j'avais assisté à une cérémonie destinée à remercier la Vierge d'avoir en quelque sorte tenu parole, en libérant l'Europe de l'Est, et peut-être à brève échéance le reste du monde, du communisme. Célébrée par un prélat allemand, devant des milliers de pèlerins venus de tous les coins de cette Europe redevenue démocratique, cette action de grâces marqua le sommet de toute l'histoire de Fatima, de tout ce que Fatima avait représenté dans la lutte contre le communisme. Mais le 13 octobre suivant, pour la dernière des journées du second grand pèlerinage annuel, ils étaient beaucoup moins nombreux, les Polonais ou les Hongrois, et pour la visite du pape ils n'étaient plus là. Parce que ce Fatima-là, c'est fini. Parce que l'anticommunisme est mort avec le communisme. C'était cela que le pape devait d'urgence signifier au monde, pour que Fatima puisse continuer. Et c'est pour cela que Jean-Paul ne parla que d'une « Église qui vit sa liberté au service de ses frères, qui sera d'autant plus libre qu'elle n'est que service ». Il parla de notre monde, « où Dieu n'existe pas », et exalta l'idée de « redécouvrir avec une nouvelle audace l'enthousiasme de la foi ». Et il indiqua que Fatima aurait un rôle essentiel à jouer dans « cette nouvelle et nécessaire évangélisation ». On ne peut pas être plus clair. Les chrétiens doivent redécouvrir la notion de service, abandonnée depuis un siècle, depuis la fondation de la Croix-Rouge, à de généreux laïcs dont l'action, aujourd'hui, couvre toute la planète avec les organisation non gouvernementales, les ONG. Les chrétiens doivent s'apercevoir enfin que la lutte contre le marxisme athée ne peut plus masquer et remplacer celle contre le matérialisme de nos sociétés, aussi athée sinon plus. Retrouver, avec Fatima, la notion de centre de foi, de foyer spirituel, c'est la nouvelle mission. Et d'ailleurs on voit comment se dessine le vaste plan, divin ou ecclésiastique, on peut se poser la question : qui fait naître ce foyer spirituel pour en remplacer un autre ? Car je crois que Fatima a été « créée » pour prendre le relais de Lourdes. Lourdes, c'est la compassion, le recours ultime face à l'injustice aveugle et terrible de la maladie. Mais justement, le recours, aujourd'hui, c'est la surassistance de nos sociétés, et la compassion, ce sont les ONG. Médecins sans frontières a remplacé la piscine et chacun sait que, dans le secret des laboratoires, s'élaborent tous les miracles. Les deux plus grands pèlerinages du monde, Lourdes et Fatima, attirent chaque année respectivement sept et quatre millions de fidèles, et l'on verra sans doute cette proportion s'inverser dans les années à venir. C'est le sens de la démarche du pape, c'est pour cela qu'il est allé à Fatima et pas à Lourdes. Lourdes c'est le passé, Fatima c'est l'avenir, tel est le choix de l'Église. Tout va dans ce sens. Lourdes ce sont les malades, Fatima ce sont les jeunes. Les amoureux, les témoins du bonheur, de la santé, une religion de la joie et de l'espoir, qui entraînera le monde.

14.

Daniel

Enfin je suis rentré à Paris. Avec très vite un profond sentiment d'absence, de regret. Oh, pas le regret du Portugal, mon métier me permettra bien de retourner un jour dans cet admirable pays. Mais absence, oui, de ce contact concret, physique, permanent, que l'on ressent à Fatima avec quelque chose de surnaturel. Comment ne pas y penser, le cœur serré, au milieu de la place de la Concorde, perdu dans le bruit, l'odeur et l'agressivité des symboles d'un monde où il n'y a plus ce « quelque chose de surnaturel », comme l'a expliqué le pape, un monde de voitures, de tôle, de gaz carbonique et de fatigue quotidienne. Je sais bien que cela peut être pire et que Bamako ou Bombay sont autrement plus tragiques. Dans le beau film d'Alain Tanner, *la Salamandre*, on voit Jean-Luc Bideau marcher avec un ami sur une route d'hiver, dans la Suisse profonde, en évoquant un voyage au Brésil. Puis il désigne les fermes à demi enfouies dans la neige. « Je me demande, dit-il, ce qui est le pire, l'écrasement des corps là-bas ou l'écrasement des esprits ici... »

C'est pour cela que j'ai écrit ce livre : pour prolonger ces instants privilégiés, prolonger ce grand moment qui, oui je le crois, a changé ma vie.

La Vierge n'est pas apparue seulement à Fatima, dans les circonstances que je viens d'évoquer, ou à Lourdes, ou à Medjugorge. Depuis le début du XIXe siècle, elle est apparue 71 fois en Italie, 27 fois en France, 19 fois en Allemagne, 17 fois en Belgique, 9 fois en Espagne (on aurait imaginé plus), 6 aux USA, 4 au Canada, pays plus catholique pourtant que le précédent, comme au Brésil, en Irlande, ou en Pologne, pays où la Vierge est également apparue 4 fois, seulement, serait-on tenté de dire. 3 apparitions en Suisse, 3 en Hollande, 2 en Tchécoslovaquie, mais on a signalé aussi des apparitions au Mexique, en Algérie, en Chine, en Égypte, au Liban, en Palestine, en Afrique noire et en... URSS. Celle-là m'a particulièrement intrigué, et je compte réaliser un jour une grande émission de télévision sur cette question. Que peuvent en effet signifier ces apparitions dans les pays de l'Est, comme celles de Seridnia, en Ukraine, en 1954, ou, mieux encore, celles du mont Saint-Émeric en Hongrie en 1947, de Cluj en Roumanie en 1948 ou de Lublin en Pologne en 1949 ? Proclamer en Italie ou en France que l'on a vu la Vierge peut vous valoir de la curiosité, de la considération ou déclencher un pèlerinage, c'est bon pour le tourisme. Mais le faire dans ces pays, en ce temps-là, sous Staline, au mieux c'était le Goulag. On imagine très mal qui que ce soit fabulant avec un sujet aussi dangereux. Alors ? Que s'est-il passé ? Il a dû y avoir quelque chose, pour utiliser une périphrase.

Cela dit d'autres apparitions me paraissent bizarres, comme celle de Saint-Tropez, en 1954, la grande année de Brigitte Bardot avec *Et Dieu créa la femme*, ça tombait bien... Je me suis documenté sur ces apparitions françaises, je vais en citer plusieurs et, si des lecteurs possèdent des informations à leur sujet, je leur serai très reconnaissant de me les communiquer. Sauf erreur ou omission, voici les principales apparitions, par grandes régions : au nord du pays, Ham-sur-Sambre, 1936 et 1955, Hydrequent 1953 ; à l'est Ferdrupt 1928, Metz 1932 et 1935, Harcy 1933, Bouxières-aux-Dames 1936 et 1947, Oberbruck 1937, Ortoncourt 1940, 1944, 1946, l'Île Napoléon 1947, Saint-Jean-aux-Bois 1948, La Forclaz 1948 et 1949, Fribourg 1965 et 1968. Au centre Montluçon 1948, Brigueil-le-Chantre 1961, La Talandière 1980, La Taudière (ça n'est pas la même chose) 1981 et 1982. A l'ouest Kerzinen 1938, Saint-Pierre-la-Cour 1938, Bodenou 1940, Plescop 1947 et 1948, Maille 1968 et 1970. Enfin dans la région parisienne Dugny en 1951 et Créteil en 1971. Quant à Paris, la plus célèbre apparition eut lieu rue du Bac, la nuit du 18 au 19 novembre 1830, dans la chapelle du couvent des Filles-de-la-Charité, où une petite sœur, Catherine Labouré (1806-1876), était en prière. La Vierge lui demanda de faire frapper une médaille, et cette médaille miraculeuse a eu beaucoup de succès. La Vierge serait revenue les 27 novembre et 27 décembre suivants, mais l'Église semble assez réservée sur toute l'affaire. Elle accorde beaucoup plus de crédit à l'apparition du 19 septembre 1846 devant deux bergères, Mélanie Calvat et Maximine

Giraud, sur la montagne de la Salette, près de Grenoble, et à celle du 17 janvier 1871, en pleine guerre franco-prussienne, où, après une prière de l'évêque de Saint-Brieuc pour préserver la France des horreurs du conflit, la Vierge apparut à tout un groupe d'enfants. Enfin (parce qu'on ne peut les citer toutes, je me suis limité aux plus importantes et à celles du XXe siècle), il y a aussi Pellevoisin près de Bourges où une domestique d'une trentaine d'années, Stella Faguette, affirma avoir vu la Madone pas moins de quinze fois, du 14 février au 8 décembre 1876.

Enfin, hors de France, citons quatre apparitions tout à fait extraordinaires. Le 30 avril 1906 à Quito (Équateur), les trente-six élèves du collège des jésuites priaient pour les victimes du tremblement de terre qui venait de dévaster la Californie lorsqu'ils virent une image de la Vierge les approuver d'un signe de tête qu'elle répéta plus de vingt fois pendant plusieurs jours. De la même manière une autre image de la Vierge a pleuré dans une modeste maison de Syracuse, en Sicile, les 20, 30, 31 août et le 1er septembre 1953. Plus étonnant encore, elle est apparue à trois ouvriers musulmans qui travaillaient près de l'église copte de la rue Tumân Bâï au Caire, et à des étudiants de Kibeho, au Ruanda... On n'en finirait plus.

Qu'est-ce que tout cela veut dire ? Est-ce un phénomène récurrent d'hallucination, un système d'autosuggestion, ou bien devons-nous admettre, puisque l'Église a « reconnu » certaines de ces apparitions, les authentifiant et en somme faisant sienne cette dernière hypothèse, qu'effectivement la Vierge daigne apparaître ainsi de temps à autre, dans les endroits les plus divers, devant les spectateurs les plus inattendus, mais en général les plus ignares ? Quel étrange procédé de communication ! Que peut signifier cette sorte de navette céleste voyageant dans l'espace et dans le temps, atterrissant brutalement à Castelpetroso en Italie ou Knock en Irlande ou Gietrzwald en Pologne ? Quelle est la signification de cette ubiquité divine ? Comment pourrais-je apporter une réponse, pauvre de moi, qui n'ai ni la science théologique des docteurs de la foi, ceux-là mêmes qui, dans le secret des évêchés ou du Vatican, décrètent vraie ou suspecte telle ou telle apparition, ni celle des savants en la matière, comme l'abbé Laurentin ? Eh bien, j'ai essayé, tout de même. Armé de cette longue et profonde fréquentation avec le mystère Fatima, née de ces presque deux années passées à étudier, interviewer, filmer, de cette fréquentation quotidienne du sanctuaire et peut-être de ces prières, j'ose prendre parti. Voici ce que je crois, et ce que je ne crois pas.

Je ne crois pas qu'il y ait eu apparition dans le sens que je viens d'évoquer, à la manière d'une navette spatiale divine. Il n'y a jamais eu, j'imagine, de manifestation de ce genre, pas plus à Fatima qu'à Lourdes ou qu'au Mexique. Cela n'a probablement jamais existé. Nos petits bergers de Fatima ont-ils assisté à une descente du ciel de la Vierge ? J'en doute. Ce qui leur est arrivé est, me semble-t-il, beaucoup plus étrange, plus profond et plus bouleversant. Ils ont tout simplement *vu* la Vierge. Elle était *là*, depuis le commencement des temps et je suis persuadé qu'elle y est encore, exactement à la même place, comme d'ailleurs un peu à côté ou dans l'autre endroit où ils l'ont vue au mois d'août 1917. Elle est partout. Elle est là près de moi quand j'écris ces lignes, elle sera près de vous qui les lirez, dans le métro, assise à vos côtés ou souriant à travers la glace malgré les graffitis et la monotonie des longues et sombres stations, elle est dans l'avion et dans votre maison, elle est dans les arbres et dans l'air, elle est l'arbre, elle est l'oiseau et le nuage et l'herbe et l'écureuil. Parce qu'elle est Dieu. Elle est une manifestation de Dieu. Elle est la toute petite idée que nous pouvons nous faire de cette présence immense et indicible et complètement hors de portée de notre imagination la plus extravagante. Les musulmans ont été dotés d'une meilleure approche que la nôtre, plus abstraite, sans doute plus conforme à ce qui pourrait être une tentative de compréhension de l'incompréhensible. Eux peuvent *voir* un signe, une calligraphie superbe dont l'entrelacs infini déroute et transporte l'esprit vers l'infini. En d'autres temps et d'autres lieux, nos bergers auraient peut-être pu *voir* Zeus grondant sur son nuage ou un tigre magnifique ou un temple sublime dressant son architecture de lumière jusqu'au ciel. Mais les trois enfants de Fatima ont vu la Sainte Vierge avec son beau sourire, comme celui de leur maman, dans son beau manteau brodé d'or, comme celui des statues qu'ils avaient vues dans leur église. Elle était près d'eux, mais pas trop, au-dessus d'un petit arbre, c'est la plus belle image mentale qu'ils étaient capables de comprendre, ces petits bergers qui *voyaient* quelque chose d'indéfinissable et d'inimaginable que nous avons baptisé Dieu ou le Très-Haut ou Yahvé ou Allah ou le Grand Manitou ou l'Esprit de la Montagne. Tout le problème est de *voir*. Voilà la clé de ce récit, la clé de tout le message de Fatima. Je suis conscient de la prétention qui est la mienne en voulant la donner, cette clé, et j'attends les accusations de sacrilège ou d'iconoclastie. Mais je suis sûr que tout le problème est là. Que Dieu est partout et tout près, que nous sommes opaques, enfermés à double tour dans notre voyage, les portes sont cadenassées et les fenêtres obstruées, et seuls quelques êtres tellement simples, tellement disponibles, tellement gentils et ouverts, arrivent, grâce à cette foi absolue, élémentaire, qui les submerge en permanence, à *voir*. Ils passent tout doucement de l'autre côté du miroir, ils entrent comme dans une eau cristalline et pure en relation naturelle avec le surnaturel. Le vent souffle où il veut, et même les ébats enfantins des petits adeptes de saint François n'offrent pas une garantie de succès. On ne se décrète pas simple en esprit. Qu'on fasse ce qu'on peut, c'est de toute manière le bon chemin ; mais les élus le sont d'une manière étrange et, comment dire, personnelle. C'est d'eux-mêmes que cela vient, et c'est tout le mystère de nos rapports avec le divin, tout le mystère de cette organisation énigmatique qui relie l'homme à Dieu.

Comment s'y prendre ? Comment rejoindre cette toute petite cohorte d'êtres qui du Tibet au milieu du désert ou sous les branches des oliviers du Portugal sont quelques instants passés de l'autre côté ? Je ne sais pas. La seule chose que je puisse faire, c'est répéter ce qu'a dit la petite Jacinta avant de mourir :

« Si les hommes savaient ce qu'est l'éternité, ils feraient l'impossible pour changer de vie. »

Ce volume a été composé
par Charente-Photogravure à L'Isle d'Espagnac
et achevé d'imprimer le 1er octobre 1991
sur presse Cameron
dans les ateliers de la SEPC
à Saint-Amand-Montrond (Cher)

N° d'Édition : 160. N° d'Impression : 2055.
Dépôt légal : octobre 1991.

ISBN 2-87686-107-0